新发展格局下贸易强国建设研究丛书

我国数字贸易强国建设的现状与对策

林吉双 等 著

科学出版社

北 京

内 容 简 介

本书从理论上，明确界定了数字贸易强国的内涵包括贸易利益、贸易地位和贸易能力三个方面，从贸易利益、贸易地位、贸易能力和贸易条件四个维度构建了贸易强国的评价标准，基于产业、贸易、技术、平台和政策五大发展基础，详解了中国实现数字贸易强国的现实条件，概述了数字贸易强国建设的鲜活实践；实证上，从发展基础、发展能力、发展水平和发展环境四个维度，测算了全球数字贸易强国的发展格局，找准了中国建设数字贸易强国的优势与短板。政策上，从顶层设计、产业夯实、平台打造、人才培养、国际合作等方面，提出了加快我国数字贸易强国建设的措施和建议。

本书可供从事商务领域的高等院校、科研院所、企业商会、政府团体中的人员等阅读研讨。

图书在版编目（CIP）数据

我国数字贸易强国建设的现状与对策 / 林吉双等著. 一北京：科学出版社，2024.12. --（新发展格局下贸易强国建设研究丛书）. -- ISBN 978-7-03-079566-3

Ⅰ. F724.6

中国国家版本馆 CIP 数据核字第 20248HE914 号

责任编辑：郝　悦　/ 责任校对：姜丽策
责任印制：张　伟　/ 封面设计：有道文化

科学出版社 出版
北京东黄城根北街 16 号
邮政编码：100717
http://www.sciencep.com
北京建宏印刷有限公司印刷
科学出版社发行　各地新华书店经销
*
2024 年 12 月第 一 版　开本：720×1000　B5
2024 年 12 月第一次印刷　印张：10
字数：200 000
定价：118.00 元
（如有印装质量问题，我社负责调换）

新发展格局下贸易强国建设研究丛书

丛书主编：何传添
副 主 编：陈万灵　张建武
丛书编委：陈伟光　陈万灵　何传添　林吉双
　　　　　李　青　孙楚仁　申明浩　赵龙跃
　　　　　王　俊　张建武　展　凯　张　昱

总　　序

　　党的十九大报告明确提出推进贸易强国建设的重要任务。在当今世界正经历百年未有之大变局的大背景下，新时代的中国正处于由富起来到强起来的过程中，一些重要矛盾和制约因素开始集中显现，建设贸易强国的紧迫性与重要性进一步凸显。新时代特别是在新发展格局下的贸易强国建设要突出重点，与时俱进地根据世界政治经济发展趋势和国家经济社会发展要求做出相应调整。

　　建设贸易强国是全面建设社会主义现代化国家的重要组成部分，也是一项艰巨复杂的系统工程。首先，建设贸易强国要求中国不断提高对外贸易的竞争力，提升国际贸易的质量效益，获得国际贸易中重要产品的定价权及贸易规则的制定权。其次，建设贸易强国需要形成强大国内市场，以创新驱动、高质量供给引领和创造新需求，加快构建以国内大循环为主体、国内国际双循环相互促进的新发展格局，重塑我国国际合作和竞争新优势。再次，构建新发展格局需要夯实基础支撑，推动产业体系适配、流通体系发展、进口出口协同，以及引进外资与对外投资协调等一系列有利因素的发展壮大。最后，建设贸易强国离不开实行高水平对外开放，需要中国建设更高水平的开放型经济新体制，推动共建"一带一路"高质量发展，积极参与全球治理体系改革和建设。

　　当下，中国已经是名副其实的贸易大国，但是国际贸易大而不强的问题仍然存在，与世界其他贸易强国相比仍有差距，制约中国国际贸易高质量发展的体制性障碍、结构性矛盾、政策性问题及科技创新力不足等问题亟待解决。尤其恰逢百年未有之大变局，全球经济增长乏力、贸易保护主义盛行、新冠疫情冲击及地缘政治动荡复杂等全球性问题叠加，这更加考验中国国际贸易创新发展的能力和水平。

　　要回答如何建设贸易强国这一中国经济社会发展面临的重大课题，就必须以习近平新时代中国特色社会主义思想为指导，坚持立足于中国的国情和发展实践，深入研究世界经济和中国发展的新情况及新问题，剖析中国国际贸易发展的产业基础、市场主体、外贸形势、市场布局、外贸结构、竞争优势及营商环境等基本情况，厘清推动贸易强国建设的理念、目标、思路与方法，探索新时代贸易大国迈向贸易强国的有效路径。这就是我们编辑出版"新发展格局下贸易强国建设研究丛书"的出发点。

需要说明的是，编辑出版"新发展格局下贸易强国建设研究丛书"是一项集体合作的事业，由于建设贸易强国问题的复杂性与相关研究资料的局限性，本丛书难免遗漏一些重要主题。加之团队的专业水平有限，对相关主题的资料整理、分析解读和政策建议也难免有所不足。凡此种种缺点，希望读者见谅。

"新发展格局下贸易强国建设研究丛书"的撰写得益于广东外语外贸大学国际经济贸易研究院、经济贸易学院与科研部的支持，同时要感谢科学出版社编辑的帮助。

广东外语外贸大学

"新发展格局下贸易强国建设研究丛书"编委会

2022 年 8 月 26 日

目 录

第一章　数字贸易强国理论 ····································· 1
　　第一节　数字贸易的概念、分类和特征 ··················· 1
　　第二节　数字贸易强国的内涵、标准和影响因素 ········ 6

第二章　数字贸易强国现实基础 ································ 16
　　第一节　数字贸易强国的产业基础 ·························· 16
　　第二节　数字贸易强国的贸易基础 ·························· 21
　　第三节　数字贸易强国的技术基础 ·························· 28
　　第四节　数字贸易强国的平台基础 ·························· 32
　　第五节　数字贸易强国的政策基础 ·························· 38

第三章　数字贸易强国建设实践 ································ 46
　　第一节　国外数字贸易强国实践 ····························· 46
　　第二节　国内数字贸易强国实践 ····························· 62

第四章　数字贸易强国评价分析 ································ 74
　　第一节　数字贸易强国评价体系 ····························· 75
　　第二节　数字贸易强国评价方法 ····························· 79
　　第三节　数字贸易强国评价报告 ····························· 82

第五章　中国建设数字贸易强国的战略选择 ··············· 103
　　第一节　主动构建数字贸易强国推进平台 ················ 103
　　第二节　引领参与制定全球数字贸易规则 ················ 112
　　第三节　积极推行全球数字贸易治理体系 ················ 118

第六章　中国数字贸易强国建设对策建议 ……………………………… **123**

　　第一节　持续加强顶层设计，下好数字贸易强国先手棋 ………… 123

　　第二节　畅通数字贸易渠道，下好数字贸易强国关键棋 ………… 127

　　第三节　打造数字贸易优势，下好数字贸易强国制胜棋 ………… 132

　　第四节　完善数字贸易配套，下好数字贸易强国辅助棋 ………… 144

第一章　数字贸易强国理论[*]

建设贸易强国是很多国家的战略选择和实践需要。2009 年，我国成为全球第一大货物出口国，学者开始对贸易强国进行研究；2012 年，商务部等 10 部委发布的《关于加快转变外贸发展方式的指导意见》提出"巩固贸易大国地位、推动贸易强国进程"；2017 年，党的十九大报告提出"拓展对外贸易，培育贸易新业态新模式，推进贸易强国建设"新要求[①]；2022 年，党的二十大报告提出"推动货物贸易优化升级，创新服务贸易发展机制，发展数字贸易，加快建设贸易强国"新部署[②]。

建设数字贸易强国，是实现贸易强国的有效路径和重要手段。建设数字贸易强国，我们首先要弄明白什么是数字贸易？什么是数字贸易强国？我们只有从理论上明确数字贸易强国的内涵、特征和标准等，才能加快数字贸易强国的建设步伐。

第一节　数字贸易的概念、分类和特征

一、数字贸易的概念

（一）国际组织和国家机构定义的数字贸易

数字贸易一词最早于 2013 年由美国国际贸易委员会提出。2013 年，美

---

[*] 本章作者：林吉双，广东外语外贸大学国际服务经济研究院教授。

[①] 习近平：决胜全面建成小康社会 夺取新时代中国特色社会主义伟大胜利——在中国共产党第十九次全国代表大会上的报告．https://www.baidu.com/link?url=e9Ie2HTuNt_766w2PhdniIhRGqXlMu_lLH7s3qH95TfSglEDZZSFi2ZRQG2dWfOrsxgARK_E31PvjnChORGZ2RAZE3K9qGKt3_sLnDBkoHK&wd=&eqid=e8ed85b80000103600000000365fd3c0c[2017-10-27].

[②] 习近平：高举中国特色社会主义伟大旗帜 为全面建设社会主义现代化国家而团结奋斗——在中国共产党第二十次全国代表大会上的报告．https://www.gov.cn/xinwen/2022-10/25/content_5721685.htm?eqid=dc1fe5c50000c1f400000002645ba468&eqid=cc98b80d000c89c2000000036489935b[2022-10-25].

国国际贸易委员会发布了《美国和全球经济中的数字贸易》报告，该报告认为数字贸易是以互联网为基础，以数字技术为手段，利用互联网传输产品以及服务的商业活动。2015年，欧盟公布的"单一数字市场"战略认为，数字贸易是利用数字技术向个人和企业提供数字产品和服务的贸易形式。2017年，美国贸易代表办公室明确指出，互联网上销售的产品属于数字贸易，实现全球价值链的数据流、实现智能制造的服务以及相关平台服务也纳入数字贸易中。2018年，日本《通商白皮书》认为数字贸易是基于互联技术向消费者提供商品、服务与信息的商务活动。2019年，经济合作与发展组织（Organization for Economic Co-operation and Development，OECD）、世界贸易组织（World Trade Organization，WTO）、国际货币基金组织（International Monetary Fund，IMF）联合发布的《数字贸易测度手册》，将数字贸易定义为所有以数字方式订购和以数字方式交付的国际交易。

从上述国际组织和国家机构定义的数字贸易看，数字贸易的概念分为狭义和广义两个方面。狭义的数字贸易指的是以数字服务为标的的新型数字贸易，即数字的贸易化，包括数字技术服务、数字产品服务、数据服务和数字平台服务；广义的数字贸易指的是以数字方式订购与交付及以数字形态交付的国际贸易，包括贸易的数字化和数字的贸易化两个部分。

（二）国内相关学者和机构定义的数字贸易

李忠民和周维颖[1]认同狭义的数字贸易概念，依据的是2013年美国国际贸易委员会对数字贸易的定义；马述忠等[2]认同广义的数字贸易概念，他们强调数字技术在数字贸易中的关键作用，认为在订购、生产和传输等环节都有体现。中国信息通信研究院于2019年和2020年发布的《数字贸易发展白皮书》[3]，进一步阐述了数字贸易的本质是贸易方式的数字化和贸易商品的数字化，强调了贸易方式数字化就是"数字技术与国际贸易开展过程深度融合，带来贸易中的数字对接、数字订购、数字交付、数字结算等变化"，贸易对象数字化是"以数据形式存在的要素、产品和服务成为重要的贸易标的，

---

[1] 李忠民，周维颖. 美国数字贸易发展态势及我国的对策思考. 全球化，2014，（11）：60-72，134.

[2] 马述忠，房超，梁银锋. 数字贸易及其时代价值与研究展望. 国际贸易问题，2018，（10）：16-30.

[3] 资料来源：中国信息通信研究院发布的《数字贸易发展白皮书》（2019年和2020年）。

导致国际分工从物理世界延伸到数字世界"。

（三）本书作者定义的数字贸易

依据国内外相关学者和机构定义的数字贸易，我们认为数字贸易可分为狭义和广义两个方面。

1. 狭义的数字贸易

狭义的数字贸易，指的是基于互联网和数字技术开展的数字技术、数字产品和数字平台服务的订购交付、资金结算的国际商业活动，即数字的贸易化。

2. 广义的数字贸易

广义的数字贸易，指的是运用或基于互联网技术开展的货物、服务、数字的订购、交付和资金结算的国际商业活动，即贸易的数字化和数字的贸易化。

二、数字贸易的分类

数字贸易可分为贸易的数字化和数字的贸易化两大类。具体情况如下。

（一）贸易的数字化

贸易的数字化是指运用互联技术开展的货物、服务的订购交付和资金结算的国际商业活动，它包括货物贸易的数字化和服务贸易的数字化两大类。

1. 货物贸易的数字化

货物贸易的数字化指的是运用互联技术开展的货物订购交付和资金结算的国际商业活动，即货物的跨境电商。

2. 服务贸易的数字化

服务贸易的数字化指的是运用互联技术开展的服务的订购交付和资金结算的国际商业活动。具体情况见表1-1。

表 1-1　服务贸易数字化订购交付的领域和情况

类型	内容
订购的数字化	传统服务如旅游服务中的订购服务，包括景点门票、酒店床位、车船机票的在线订购等
交付的数字化	1. 其他商业服务 2. 电信、计算机和信息服务 3. 金融服务 4. 保险和养老金服务 5. 知识产权使用服务 6. 文化和娱乐服务 7. 新兴服务，如在线教育、线上医疗等服务

（二）数字的贸易化

数字的贸易化是指基于互联网和数字技术开展的数字技术、数字产品和数字平台服务的订购交付、资金结算的商业活动。数字的贸易化包括数字技术服务、数字产品服务、数据服务、数字平台服务四大类，具体情况见表1-2。

表 1-2　数字的贸易化情况

类型	内容	具体内容
数字技术服务	计算机服务	系统维护和其他支持服务、数据处理服务、数据库服务、咨询服务等
	互联网服务	文件传输服务、信息浏览服务、名址服务等
	大数据服务	数据采集、传输、存储、处理、交换、销毁等服务
	云计算服务	包括 IaaS、PaaS、SaaS 提供的服务
	区块链服务	提供存储空间和算力等服务
	人工智能服务	人脸识别、机器翻译、医学图像处理、无人驾驶等
	通信服务等	包括 5G 通信、卫星通信等
数字产品服务	数字工具服务	软件产品出售服务
		软件使用许可服务
	数字内容服务	数字传媒，包括数字化的文字、图形、图像、声音、视频影像和动画等

续表

类型	内容	具体内容
数字产品服务	数字内容服务	数字娱乐，包括数字影视、数字音乐、数字游戏、数字动漫等
		数字学习内容制作、课程服务等
		数字出版，包括数字图书、数字报纸、数字期刊、网络原创文学、网络地图、数据库出版物等
数据服务	数据要素	经济数据、人口数据、财务数据、医疗健康数据、社交媒体数据、科学研究数据等
	数据产品	分析类产品、算法类产品等
	数据资产	个人数据资产、企业数据资产、国家数据资产等
数字平台服务	搜索引擎平台	广告服务、信息服务等
	社交媒体平台	广告服务、新闻服务、科技金融服务等
	跨境电商平台	广告服务、交易服务等
	工业互联网平台	数据服务、算法服务、安全服务等

三、数字贸易的特征

（一）贸易主体的多元化

盛斌和高疆[1]认为，数字贸易的发展，使得数字贸易主体由大型跨国公司向中小企业和个人消费者扩大。原因如下：一是固定成本的下降，由于线下贸易受规模经济的制约，固定成本是中小企业和数字密集型产品生产企业参与国际贸易的重要成本压力；同时，数字贸易缩短了市场的地理距离，弱化了固定成本与地理距离的相关关系，有利于中小企业实现规模经济，降低出口成本。二是寻找成本的下降，由于数字平台为中小企业提供了与国际跨国公司相同的搜寻和捕获信息的渠道，持续改善了竞争性贸易环境，市场机制的作用能更大限度地发挥；信息的畅通和完全，提升了中小企业的获客能力，降低了企业寻找成本。

---

[1] 盛斌，高疆. 超越传统贸易：数字贸易的内涵、特征与影响. 国外社会科学，2020，（4）：18-32.

（二）贸易结构的服务化

根据我们的计算，服务贸易占国际贸易的比重从 1995 年的 18%提高到 2020 年的 23%，以增加值计算的服务贸易占增加值贸易的比重更是高达 50%。一方面，数字基础设施的持续改善和网络效率的持续提高，使得可数字化交付的服务贸易获得巨大发展，规模快速提升；同时，线上交付场景的持续完善丰富了跨境交付服务的范围与种类，在线教育、线上医疗等新服务贸易新业态蓬勃发展。另一方面，贸易标的的数字化，也使得以数字技术服务、数字产品服务、数据服务和数字平台服务等为代表的新型数字贸易快速增长。

（三）贸易质量的提升化

在数字贸易中，可数字化交付的金融保险服务、其他商业服务、知识产权使用服务以及电信、计算机和信息服务等服务贸易，可贸易化的数字技术服务、数字产品服务、数据服务和数字平台服务等数字服务贸易，都为知识密集型产品，其增加值和附加值远高于货物贸易。由于可数字化交付的服务贸易快速增长（《2023 年世界贸易统计评论》[①]显示，2022 年，计算机服务全球出口额比 2019 年增长 44%）、可贸易化的数字服务持续丰富，贸易质量持续提升。

第二节　数字贸易强国的内涵、标准和影响因素

建设数字贸易强国，是实现贸易强国建设的必然要求。因此，建设数字贸易强国，首先要厘清贸易强国的内涵和标准，为数字贸易强国建设提供理论依据。

一、贸易强国的内涵和标准

（一）贸易强国的内涵

国内外学术界对贸易强国的研究，最早可以追溯到 15 世纪的重商主义

---

① World Trade Organization. World trade statistical review 2023. https://www.wto.org/english/res_e/booksp_e/wtsr_2023_e.pdf[2024-03-25].

时期，其后贸易强国的内涵随着特定历史时期的经济背景而发生变化。重商主义时期，托马斯·孟通过出口中所获得的黄金白银等贵金属数量的多少来界定贸易强国。古典主义时期，亚当·斯密的绝对利益理论用劳动生产率的高低来界定贸易强国；大卫·李嘉图的比较成本理论是从一国是否能有效利用其比较优势来界定贸易强国。新古典主义时期，赫克歇尔和俄林的要素禀赋理论通过一国是否在劳动力或资本等要素上具有优势来界定贸易强国。新自由主义时期，格鲁贝尔等的产业内贸易理论和保罗·克鲁格曼的战略贸易理论通过是否以产品差异化和规模经济优势形成贸易竞争力来界定贸易强国。20世纪90年代，迈克尔·波特的国家竞争优势理论通过一国是否具有国家竞争优势来界定贸易强国，等等。21世纪以来，国内外学者对贸易强国内涵的研究主要基于贸易利益、贸易地位和贸易能力等三个视角展开。

1. 基于贸易利益视角的贸易强国内涵

有些学者认为一国的贸易利益多就是贸易强国。例如，陈飞翔和吴琅[1]认为，贸易强国是指在出口商品和服务中高级生产要素的含量高，以价值型的贸易为主体，能在国际贸易中获得主要利益的经济实体或国家。姚枝仲[2]认为，将贸易强国理解为在国际贸易中能够获得更多利益的国家，用贸易份额与价格因子的乘积作为贸易强国指数，衡量一国来自国际贸易利益的相对大小，以此分析世界各国的贸易强国地位。马述忠等[3]认为，在全球价值链分工视角下，中间产品和服务在国家间多次流转，因此，贸易规模不能有效反映一国实际创造的价值增值，而基于增加值贸易统计的贸易利益指标更能反映一国在国际贸易中的实际获利能力，成为贸易强国的重要衡量标准。一国的贸易利益多少，可用贸易的增加值和附加值高低来体现。

2. 基于贸易地位视角的贸易强国内涵

一些学者认为一国的贸易地位高就是贸易强国。例如，Meunier和Nicolaidis对欧盟的贸易政策做了深入的研究，他们认为贸易强国必须能够

---

[1] 陈飞翔, 吴琅. 由贸易大国到贸易强国的转换路径与对策. 世界经济研究, 2006, (11): 4-10.
[2] 姚枝仲. 贸易强国的测度：理论与方法. 世界经济, 2019, (10): 3-22.
[3] 马述忠, 刘健琦, 贺歌. 数字贸易强国：概念理解, 指标构建与潜力研判. 国际商务, 2022, (1): 1-12.

主导国际贸易政策的制定和在国际政策制定或协调机构中拥有充分而有效的代理或投票权,能够实现国内政策与国际贸易政策的一致[1][2][3]。盛斌[4]研究了600多年以来的近现代贸易史,认为贸易强国拥有贸易规模与份额,贸易结构、技术复杂度与出口质量,大宗商品交易与定价权,服务贸易,知名跨国公司与品牌,对外直接投资,金融与货币,营商环境,国际经贸规则与领导力,抵御风险的能力等10个方面的优势。一国的贸易地位高,可用贸易规模、掌握产品定价权、拥有利益分配权、规则制定话语权等体现。

3. 基于贸易能力视角的贸易强国内涵

一些学者认为一国贸易能力强就是贸易强国。例如,钟山[5]认为,贸易强国应在贸易规模、进出口结构、贸易模式、产品质量(标准)、品牌国际化、技术、货币国际化、国际投资等达到世界领先水平。裴长洪和刘洪愧[6]认为,贸易强国应该是一个综合的概念,从广义上看,当今可进行国际贸易的不仅包括传统的商品和服务,还包括货币、规则、技术以及产品标准;贸易强国具有发挥比较优势培育新优势能力、全球价值链控制的能力、全球范围内配置资源的能力、本国货币在世界的流通能力和提供全球公共产品的能力等。一国贸易能力强,可从拥有核心技术和标准、掌控全球产业链、整合配置全球资源、本币在全球流通、提供全球公共产品服务等方面体现。

学者关于贸易强国的内涵表述,其逻辑关系如下:一国的贸易能力形成一国的贸易地位,一国的贸易地位决定一国的贸易利益。因此,贸易强国的内涵包括贸易能力、贸易地位和贸易利益三个方面,三者缺一不可。

---

[1] Meunier S, Nicolaidis K. Who speaks for Europe? The delegation of trade authority in the EU. Journal of Common Market Studies, 1999, 37(3): 477-501.

[2] Meunier S, Nicolaidis K. The European Union as a conflicted trade power. Journal of European Public Policy, 2006, 6(13): 906-925.

[3] Meunier S. Managing globalization? The EU in international trade negotiations. Journal of Common Market Studies, 2007, 45(4): 905-926.

[4] 盛斌. 建设国际经贸强国的经验与方略. 国际贸易, 2015, (10): 4-14.

[5] 钟山. 中国外贸强国发展战略研究:国际金融危机之后的新视角. 北京:中国商务出版社, 2012.

[6] 裴长洪, 刘洪愧. 中国怎样迈向贸易强国:一个新的分析思路. 经济研究, 2017, (5): 26-43.

(二)贸易强国的标准

贸易强国的标准即评价体系,是根据贸易强国的内涵构建的。学者从贸易利益、贸易地位和贸易能力三个方面界定了贸易强国的内涵,也从三个方面分别构建了贸易强国的评价体系。

1. 基于贸易利益构建的评价标准

陈泽星[1]认为,一个贸易强国所具备的特征是出口产品的结构以高附加值的产品为主,一国出口外贸产业处在价值链高端,该国企业具有较强的风险抵抗能力,能够及时应对外部国际市场环境变化,出口产品或服务的品牌化程度高,据此构建了 16 个指标并分别从出口优势、出口稳定、出口规模和出口潜力等四个方面进行综合评价。张亚斌等[2]认为在全球生产网络中,贸易强国应该是在价值链中增值幅度最高并具有主导厂商的国家,并从贸易主体、贸易内容和贸易市场三个方面构建了 10 个指标用以判断一个国家是不是贸易强国。

2. 基于贸易地位构建的评价标准

赵晋平[3]认为,贸易强国需要具备四个特征:贸易规模很大,具有拉动本国经济和世界经济增长的机制,在研发、品牌等方面占有优势,掌握利益分配的决定权。瓦尔蒂克斯、大卫·墨非等认为贸易强国主要包括四个方面的内容:对外贸易规模大,有一个稳定的促进经济增长的长拉动机制,有品牌、研发等方面的优势,能把利益分配的所有权掌握在自己手中[4]。

3. 基于贸易能力构建的评价标准

裴长洪和刘洪愧[5]根据贸易能力构建了贸易强国评价指标体系,指标体系包括贸易规模[包括总出口、OFDI(outward foreign direct investment,对

---

[1] 陈泽星. 中国贸易业绩指数(1996—2000). 北京:对外经济贸易大学出版社,2004.
[2] 张亚斌,李峰,曾铮. 贸易强国的评判体系构建及其指标化:基于 GPNS 的实证分析. 世界经济研究,2007,(10):3-8,86.
[3] 赵晋平. 利用外资与中国经济增长. 北京:人民出版社,2001.
[4] 潘涛. 贸易强国评述及未来展望. 社会科学家,2017,(11):74-79.
[5] 裴长洪,刘洪愧. 中国怎样迈向贸易强国:一个新的分析思路. 经济研究,2017,(5):26-43.

外直接投资）存量等］、贸易结构（包括货物出口额、服务出口额、专利技术出口额等）、货币竞争力（货币在全球贸易结算中的比重、货币在世界各国外汇储备中的比重等）、提供全球公共品（制定的行业标准和产品技术标准数量、跨国公司数量等）等4个一级指标和22个二级指标，据此测算出全球贸易强国地区分布情况。

基于贸易强国内涵的逻辑关系，从贸易利益、贸易地位和贸易能力三者当中的任何一个方面去构建评价标准和评价贸易强国都将缺乏科学性、完整性和合理性。因此，必须从贸易利益、贸易地位和贸易能力三个维度出发，构建综合的贸易强国评价指标体系，只有这样才能准确、有效地评价一国是不是贸易强国以及一国如何建设成为贸易强国。

二、数字贸易强国的内涵、类型、标准和影响因素

（一）数字贸易强国的内涵

数字贸易作为一种贸易新模式、新业态，与货物贸易、服务贸易既有联系也有区别。因此，数字贸易强国内涵与贸易强国内涵既有联系也有区别。联系方面表现为：贸易强国是数字贸易强国的基础，一国不是贸易强国就不可能成为数字贸易强国。因此，数字贸易强国包含贸易强国的各种要义，即数字贸易强国具有贸易利益多、贸易地位高和贸易能力强等属性。区别方面表现为：数字贸易强国包括数字强国和贸易强国两个方面，数字强国是数字贸易强国的条件，一国不是数字强国就不可能成为数字贸易强国。因此，数字贸易强国不仅包含贸易强国的各种要义，还包括数字强国的特有属性，即信息数字基础设施好、数字技术领先、数字产品与服务能力强、数字应用广泛、数字生态完善等。

综上，数字贸易强国的内涵包括以下几个方面。

1. 数字贸易利益多

数字贸易利益多主要是指在国际数字贸易出口中，贸易标的拥有核心竞争力，贸易国能够从贸易标的中获得足够多的增加值和附加值。

2. 数字贸易地位高

数字贸易地位高主要是指在国际数字贸易活动中，贸易标的处在数字贸

易价值链的高端，贸易国能够掌握产品的定价权和利益的分配权。

3. 数字贸易能力强

数字贸易能力强主要是指在国际数字贸易活动中，贸易国拥有核心技术和标准、规则制定话语权、掌控全球价值链、整合配置全球资源、本币在全球流通等。

4. 数字贸易条件好

数字贸易条件好主要是指在国际数字贸易活动中，信息数字基础设施好、数字技术领先、数字产品拥有核心竞争力、数字平台国际服务能力强、数字应用广泛、数字生态完善等。

（二）数字贸易强国的类型

由于世界各国的要素禀赋、产业结构、比较优势等不同，一些国家可能是单一型数字贸易强国如货物数字贸易强国或服务数字贸易强国等；一些国家可能是双类型数字贸易强国，如既是货物数字贸易强国，也是服务数字贸易强国；一些国家可能是综合型数字贸易强国，如既是货物和服务数字贸易强国，也是数字产品和服务贸易强国。具体类型如下所示。

1. 单一型数字贸易强国

单一型数字贸易强国包括货物数字贸易强国、服务数字贸易强国、数字产品和服务贸易强国三种类型。货物数字贸易强国的特征是货物贸易强国和网络强国，货物贸易数字化程度高，线上货物贸易发达；服务数字贸易强国的特征是服务贸易强国和网络强国，服务贸易数字化程度高，线上服务贸易发达等；数字产品和服务贸易强国的特征是数字强国，数字技术、数字产品和数字服务等出口能力大、地位高、获利多等。

2. 双类型数字贸易强国

双类型数字贸易强国包括货物和服务数字贸易强国，货物数字贸易强国与数字产品和服务贸易强国，以及服务数字贸易强国与数字产品和服务贸易强国三种类型。货物和服务数字贸易强国的特征是货物和服务贸易强国与网络强国，货物和服务贸易数字化程度高；货物数字贸易强国与数字产品和服务贸易强国的特征是货物贸易强国和数字强国，货物贸易数字化程度高；服务数字贸易强国与数字产品和服务贸易强国的特征是服务贸易强国和数字强国，服务贸易数字化程度高。

3. 综合类数字贸易强国

综合类数字贸易强国是指既是货物数字贸易强国，也是服务数字贸易强国，还是数字产品和服务贸易强国，其特征是贸易强国和数字强国。

（三）数字贸易强国的标准

数字贸易强国的标准必然要很好地反映出数字贸易强国的内涵。数字贸易强国的评价标准主要包括以下几个指标。

1. 发展基础

发展基础是衡量一国是否能成为数字贸易强国的前提指标，前提指标体现一国发展数字贸易实力的大小，一国数字贸易的发展实力越大就越有可能成为数字贸易强国。数字贸易发展基础可用产业基础（包括产业生态和产业链地位等）、技术基础（包括核心技术和标准等）和市场基础（包括产品定价权和利益分配权等）来表示，一国的产业基础、技术基础和市场基础越扎实、越有利就越有条件成为数字贸易强国。

2. 发展能力

发展能力是衡量一国是否能成为数字贸易强国的核心指标，核心指标体现一国掌控数字贸易能力的高低，一国数字贸易的掌控能力越强就越有可能成为数字贸易强国。数字贸易发展能力可用科技创新能力、全球价值链掌控能力、全球资源配置能力、全球规则制定能力和全球公共服务能力等表示。

3. 发展水平

发展水平是衡量一国是不是数字贸易强国的成果指标，成果指标体现一国获取数字贸易利益的多寡，一国数字贸易的利益越多就越有可能成为数字贸易强国。数字贸易强国发展水平可用数字贸易规模、数字贸易结构和数字贸易质量来表示，数字贸易规模乘以数字贸易质量就是一国所获得的数字贸易利益，数字贸易质量即指数字贸易盈利水平（盈利水平可用增加值和附加值来表示）；数字贸易规模越大、结构越优、质量越高，数字贸易利益就越多。

4. 发展环境

发展环境是衡量一国是否能成为数字贸易强国的保障指标，保障指标体现一国支持数字贸易发展的力度，一国支持数字贸易发展的力度越强就越有可能成为数字贸易强国。数字贸易发展环境包括政策环境、法治环境、海关环境、文化环境和其他环境等。

（四）数字贸易强国的影响因素

1. 信息数字基础设施是数字贸易强国的物质条件

信息数字基础设施是数字贸易发展的重要条件、载体和基础。信息数字基础设施主要包括：①以互联网（包括物联网、工业互联网、卫星互联网）、5G为代表的通信网络基础设施，为数字贸易的订购和交付提供了线上基础，网络互联互通的能力越强就越有利于数字贸易的发展；②以人工智能、云计算、区块链等为代表的数字技术基础设施，这些数字技术基础设施不仅为服务的数字化交付提供了技术支撑，同时也为持续生产可贸易化的数字产品和服务提供了技术源泉；③以数据中心、智能计算中心为代表的算力基础设施，这些算力基础设施不仅赋能教育、医疗和金融等服务业数字化转型，而且为增强国际算力服务提供保障。

2. 产业是数字贸易强国的客体条件

产业基础是开展数字贸易的条件，产业的发展水平直接影响和决定数字贸易的国际竞争能力，产业实力越强则数字贸易实力越强；产业实力强主要表现在产业基础设施雄厚、产业技术领先、产业处在价值链高端、产业生态完善等。当前，影响和决定数字贸易发展的产业主要包括制造业、服务业和数字产业。其中，制造业的发展水平影响和决定着货物贸易数字化的规模和质量；服务业发展水平影响和决定着服务贸易数字化的规模和质量；数字产业发展水平不仅影响和决定着货物和服务贸易数字化的能力，而且还影响和决定着可贸易化的数字技术、数字产品、数字服务的规模和质量。

3. 企业是数字贸易强国的主体条件

企业是发展数字贸易的市场主体，市场主体的国际竞争能力越强，数字贸易发展得就越好；企业强主要表现在掌握核心技术和标准，拥有知名品牌和商标，能够整合配置全球资源，掌控产品和服务定价权等。从事数字贸易的市场主体，不仅包括运用互联网进行货物订购和服务交付的一般生产和贸易主体，也包括基于互联网和数字技术进行生产与交付的数字产品和服务的主体，还包括为货物、服务、数字提供交易服务的数字平台企业。以数字服务平台企业为例，它是数字贸易开展的关键节点和枢纽，其原因是数字服务平台企业掌握着供需双方大量信息，具有很高的交易匹配效率，为数字贸易的快速达成和交付提供了平台服务生态系统。

4. 人才是数字贸易强国的核心条件

人才是科技的创新者、贸易的组织者、规则的制定者，人才资源是影响和决定数字贸易发展的核心要素，人才强则数字贸易强；人才强主要表现在通晓国际商务精要，拥有持续创新能力，引领数字贸易发展能力等。时下，从事数字贸易人才的数量和质量将直接影响与决定着数字贸易发展的规模和质量。数字贸易人才，包括从事货物跨境电商的人才、从事服务线上交付的人才、从事数字产品和数字服务生产与交易的人才。实践上，一个企业、一个国家拥有的既精通贸易又掌握数字技术的复合型人才越多，一个企业、一个国家数字贸易开展得就越好。

5. 环境是数字贸易强国的营商条件

数字贸易发展的营商环境是数字贸易顺利发展的重要保障，数字贸易的营商环境越好，数字贸易发展得也就越好。数字贸易发展的营商环境包括政策环境、法治环境、海关环境、金融环境、文化环境和其他环境等。政策环境表现为政府对数字贸易发展的支持程度，政府在数字贸易领域的开放程度、关税水平、投入力度等对数字贸易的发展会起到重要的推动作用；法治环境反映政府对数字贸易发展的保障程度，政府在数字贸易领域的法律法规建设情况、国际数字贸易规则的达成状况等对数字贸易的有序发展起着必要的保障作用；海关环境体现政府对数字贸易发展的服务程度，政府在数字贸易领域的通关程序、通关效率等对数字贸易的便利化发展发挥着重要的润滑作用；金融环境表现政府对数字贸易发展的资金扶持力度，政府引导金融部门在数字贸易领域提供的服务优惠、服务便利程度等对数字贸易发展起到了降本增效的作用；文化环境是政府推进数字贸易发展的软实力，文化环境越好就越有利于达成数字贸易协定，推动数字贸易深度发展；其他环境如物流条件等，有利于提高货物跨境电商效率。

第二章　数字贸易强国现实基础[*]

第一节　数字贸易强国的产业基础

当今世界正经历百年未有之大变局，新一轮科技革命和产业变革正在重塑全球经济格局，数字经济成为当前和未来经济发展的"新赛道"，这一转变不仅在经济层面具有深远影响，同时也对社会结构和国际关系产生重要影响。因此，深入研究数字经济发展的规律和趋势，大力发展数字经济成为顺应时代潮流、把握时代机遇、构筑国家竞争新优势的战略选择。党的二十大报告强调，加快发展数字经济，促进数字经济和实体经济深度融合，打造具有国际竞争力的数字产业集群[①]。在过去的十年里，中国数字经济规模实现持续的高速增长，增幅超过四倍，跃居世界第二位，增速远超全球平均水平，稳居世界第一。根据《数字中国发展报告（2022年）》，2022年，中国数字经济规模已经达到了 50.2 万亿元，总量稳居世界第二，同比名义增长 10.3%，占 GDP（gross domestic product，国内生产总值）比重提升至 41.5%。数字经济成为我国经济增长新引擎以及社会稳增长、保就业、促民生的关键动能。

一、制造业发展规模全球遥遥领先

强劲的制造业发展成为我国数字贸易发展的最重要产业基础。自 2010 年中国制造业增加值达 1.92 万亿美元，超过美国的 1.79 万亿美元后，我国

---

[*] 本章作者：刘恩初，广东外语外贸大学国际服务经济研究院讲师；易婷、朱雨佳、詹任贻，广东外语外贸大学经济贸易学院硕士研究生。

[①] 习近平：高举中国特色社会主义伟大旗帜 为全面建设社会主义现代化国家而团结奋斗——在中国共产党第二十次全国代表大会上的报告．https://www.gov.cn/xinwen/2022-10/25/content_5721685.htm?eqid=dc1fe5c50000c1f400000002645ba468&eqid=cc98b80d000c89c2000000036489935b[2022-10-25].

制造业增加值已连续13年居世界第1位。到2021年，我国制造业增加值达4.87万亿美元，几乎等于居世界第2位的欧盟地区的2.53万亿美元与第3位美国的2.5万亿美元之和，这显示中国制造业在全球的绝对领先地位。

2022年，我国第二产业增加值达48.3万亿元，增长3.8%，占GDP的比重为39.9%。其中，高技术、装备制造业支撑强劲，增加值同比增长7.4%，高于制造业增加值增速4.4个百分点，对规模以上工业增长的贡献率达到了32.4%，为整体制造业的增长贡献了重要力量。作为制造业脊梁的装备制造业的持续增长为工业经济增添活力，增加值同比增长5.6%，超出全部规模以上工业平均水平2.0%。电子及通信设备制造业、航空航天器及设备制造业以及医疗仪器设备及仪器仪表制造业增势良好，效益持续改善，其增加值分别同比增长12.7%、9.9%、7.6%。此外，随着创新、协调、绿色、开放、共享的新发展理念的深入实践，制造业加快向绿色、低碳、循环方向发展，新能源产品生产迅速扩张。2022年，新能源汽车产量较上年增加近一倍，同比增长率高达97.5%；其中，充电桩、光伏电池和风力发电机组等新能源产品的增长表现强劲，产量分别同比增长80.3%、47.8%、45.5%，为新能源产业的快速发展提供了强有力的支撑；新材料产品实现快速增长，其中，高效能材料如太阳能工业用超白玻璃、多晶硅、单晶硅等产量分别同比增长78.0%、64.4%、51.8%，为"双碳"目标的实现提供助力；高技术产品也呈现出蓬勃增长的势头，不断为实现高质量发展目标保驾护航，其中，移动通信基站设备、工业控制计算机及系统、民用飞机等产量分别同比增长16.3%、15.0%、10.5%[①]。

制造业的长期持续稳定增长对我国货物贸易的发展提供了强有力的基础。从全球货物增长来看，由于新冠疫情冲击、全球经济负增长和供应链紧张，2020年，全球贸易大幅收缩。根据WTO数据库，在疫情冲击下，多国采取社交隔离、经济封锁等政策，经济活动的减少带来全球贸易的萎缩，2020年，全球货物贸易进出口总额为355 171.7亿美元，较2019年进出口规模下降了7.3%；与此同时，中国货物贸易在全球的比重有所上升，由2019年的11.95%上升至13.11%，在全球大多数经济体出口规模下降的情况下，只有中国、泰国等一些亚洲经济体避免了出口下滑，尤其是中国货物贸易实现了

---

① 机电商报. 2022年经济"画像". http://www.meb.com.cn/news/2023_02/13/9356.shtml [2023-04-12].

正向增长，这主要得益于中国具有针对性的防疫防控措施。2021 年，由于各国都制定了具有针对性的疫情防控政策，加之我国对世界各国的医疗援助力度不断加大，全球疫情整体得到短暂控制，国际贸易得到暂时恢复，2021年全球货物贸易规模达 448 026.07 亿美元，同比增加 26%左右，而中国货物贸易占比也进一步小幅增加至 13.51%，货物第一大国地位稳固，中国成为全球经贸的"稳定器"，如图 2-1 所示。

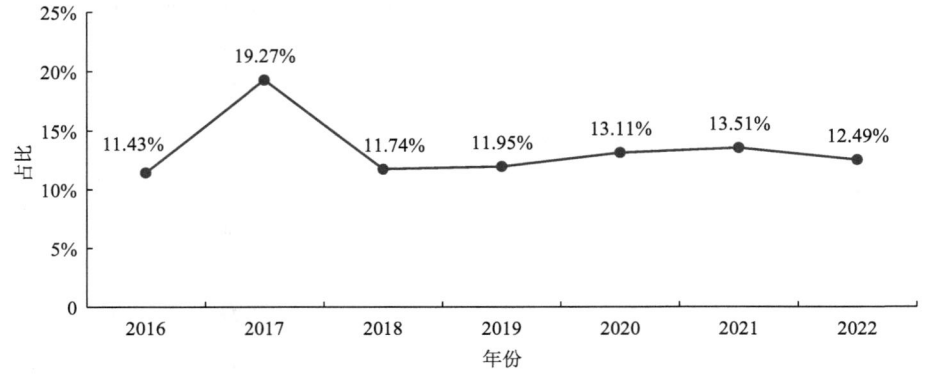

图 2-1　2016～2022 年中国在全球贸易中的占比情况
资料来源：WTO 数据库、国家统计局

二、服务业发展规模稳居世界前列

党的十八大以来，为了加快经济结构转型和实现贸易强国目标，党中央、国务院高度重视服务业和服务贸易发展，推出了一系列具有深远意义的改革举措。在这一背景下，数字经济、平台经济、共享经济蓬勃发展，这些新兴经济形态的不断壮大为服务业的发展注入新活力，服务业发展迈上新台阶。2022 年，即使面对愈加复杂严峻的国际局势和全球疫情频发等带来的多重考验，我国服务业仍呈现增长态势，第三产业增加值为 638 698 亿元，同比增长 2.3%，占 GDP 的比重达 52.8%。

从全球来看，2021 年，我国服务业增加值达 9.45 万亿美元，仅次于美国（18.09 万亿美元）和欧盟地区（11.16 万亿美元），居世界第 3 位。

超大规模服务业市场为中国服务贸易长期稳定发展注入强大动力。服务业通过服务出口参与国际分工和合作，扩大国际需求，提升国际竞争力，拉动国内服务业中间投入和初始投入，创造就业岗位和 GDP。服务业通过服务进口配置全球资源，引进国际优质要素，扩大中间供给，提高社会总产品质量，稳定国内产业链供应链，满足消费和投资需求，促进经济增长和增加社会福利。

2021 年，中国服务贸易占对外贸易的比重为 12.0%，远低于全球平均水平（20.7%）以及欧盟（27 国）（25.7%）、美国（22.3%）等发达经济体水平，未来发展空间广阔。随着高水平对外开放稳步推进，中国服务贸易发展潜力将逐渐释放，预计到 2025 年，中国服务进出口有望突破 1 万亿美元。

三、数字产业规模位居世界第二

近年来，我国数字经济规模不断扩大，数字技术不断进步、应用覆盖面持续扩大，以信息技术和数据作为关键要素的数字经济已经成为我国经济稳增长促转型的重要引擎之一，数字经济作为宏观经济的"加速器""稳定器"的作用愈发明显。根据中国信息通信研究院的研究，如图 2-2 所示，2016～2022 年，我国数字经济规模实现了跨越式增长，从 22.6 万亿元增长至 50.2 万亿元，规模位居世界第二；数字经济在 GDP 中所占比重由 30.37%上升到 41.32%，数字经济在我国国民经济中的地位愈发稳固，其对国民经济的贡献作用也愈发明显。据统计，到 2025 年，我国数字经济规模有望突破 80 万亿元，到 2030 年有望突破 100 万亿元。

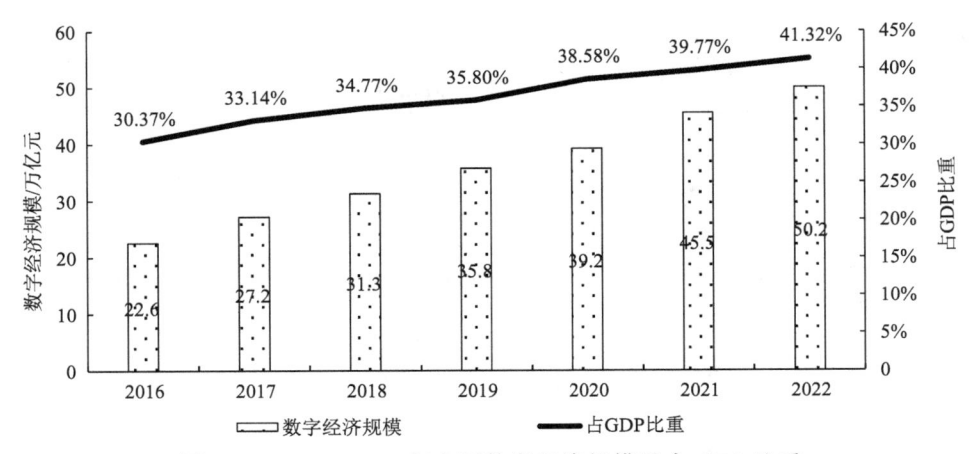

图 2-2 2016～2022 年中国数字经济规模及占 GDP 比重
资料来源：中国信息通信研究院

"十三五"规划提出以来，我国深入实施数字经济发展战略，不断完善数字基础设施，推动 5G、物联网、人工智能等技术的融合应用，积极探索区块链、大数据等新兴技术的应用场景，加快培育在线教育、互联网医疗、线上办公等新业态、新模式，数字产业化和产业数字化双向推动，数字化转型取得积极成效[①]。从增长速度来看，数字经济增速明显高于 GDP 名义增速，2016~2022 年中国数字经济发展速度持续领跑，在全球经济增长乏力甚至衰退的背景下，中国数字经济持续保持高速增长。根据中国信息通信研究院的数据，如图 2-3 所示，虽然 2020 年受疫情冲击经济增速整体放缓，但中国数字经济增长速度仍然达到 9.50%的高速水平。2021 年虽然仍处于疫情的冲击之下，但我国数字经济发展增速高达 16.07%。在持续抗疫的"新常态"下，各行业日常经营普遍受到影响，出现现金流、需求和经营场所暂停三大经营困难。不过在传统经济被按下"暂停键"之际，数字经济则被按下了"加速键"。疫情期间，不少企业主动探索数字化转型，包括远程办公、共享员工、在线培训、互联网医疗、在线健身、直播电商等，在"新常态"中寻求新的机遇，借助数字化保证产销链不断。

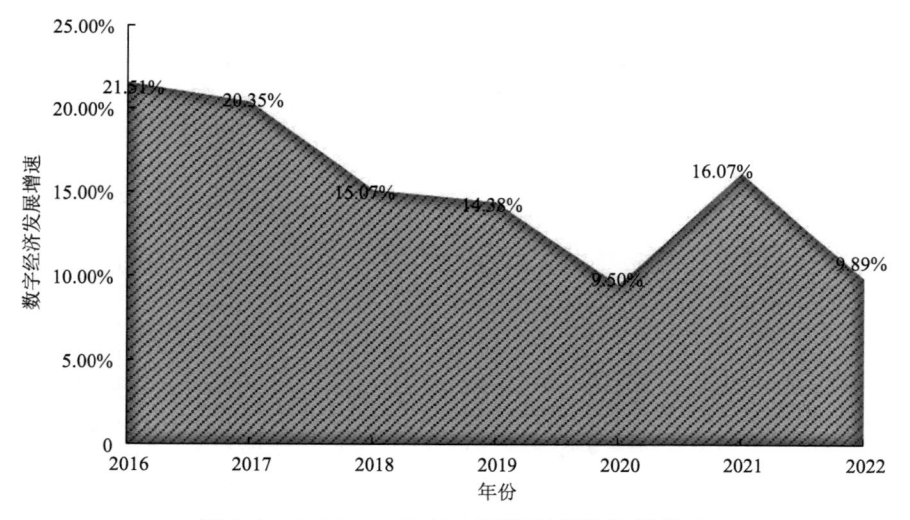

图 2-3　2016~2022 年中国数字经济发展增速
资料来源：中国信息通信研究院

---

① 国务院关于印发"十四五"数字经济发展规划的通知. https://www.gov.cn/zhengce/zhengceku/2022-01/12/content_5667817.htm?eqid=f36dcee600075ad400000003646af39e[2024-03-25].

第二节　数字贸易强国的贸易基础

当前，受多种因素交织叠加影响，全球经济面临多重挑战，贸易投资保护主义抬头，全球贸易和经济发展下行压力加大，运用数字技术推动经济复苏和可持续发展成为全球共识。从数字经济对贸易的积极影响来看，数字经济能够打破传统的地域限制和时间约束，促使跨境交流更加便利和高效，在一定程度上降低了传统贸易壁垒的影响。因此，数字经济的持续发展，为我国打破贸易壁垒、实现更加开放的市场提供了机遇，这种新发展机遇不仅能给我国带来贸易利益的增加，还会促使我国贸易结构的优化，进一步提升对外贸易竞争力。

一、电子商务规模连续十年全球第一

我国网络购物用户规模达 8.45 亿人，较 2021 年 12 月增长 319 万人，占网民整体的 79.2%[①]。我国已连续 10 年保持全球最大网络零售市场地位。在数字经济的推动下，我国网络零售市场克服疫情影响保持稳健增长。据商务大数据监测，2022 年，我国电子商务交易额达 43.83 万亿元，同比增长 3.5%，如图 2-4 所示；网络零售作为电子商务的重要组成部分，其零售额达 13.79 万亿元，同比增长 4.0%，占社会消费品零售总额的比重为 27.2%；网络零售已成为拉动消费增长的重要引擎，为我国经济结构转型升级和消费模式转变做出了积极贡献。

近年来，资本的持续涌入为中国传统贸易的数字化转型升级发展提供了强有力的资金支持。总的来说，在各路资本的加持下，传统贸易领域不断出现各种数字化的新业态。随着产业互联网的不断深化和发展，电商 2B（即 B2B，business to business，企业对企业电子商务）领域表现出了其在商业模式创新、产业升级方面的巨大潜力。但目前从资本市场表现来看，2022 年以来，电商的资本投入呈现下滑趋势，其融资总额暴跌超八成。受此影响，我国电子商务不断推陈出新，逐步迈向高质量发展的新阶段，推动数字贸易

---

① 中国电子商务报告 2022. http://images.mofcom.gov.cn/dzsws/202306/20230609104929992.pdf [2024-03-25].

往更高水平发展。

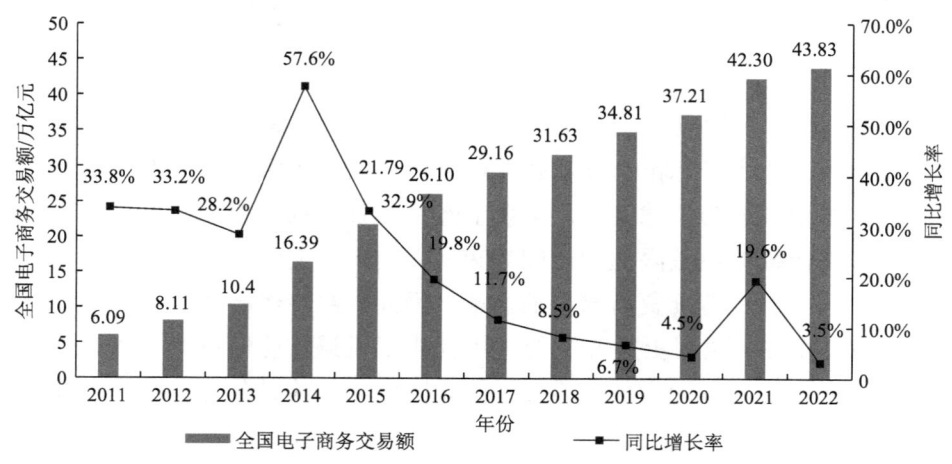

图 2-4　2011~2022 年全国电子商务交易额及同比增长率
资料来源：《中国电子商务报告 2022》

一是视频、流媒体直播逐步成为常态化的电商营销渠道。随着传统电子商务平台流量增长放缓，短视频、直播电商等新模式发展势头良好，多层次、个性化的消费需求得到满足。尤其在新冠疫情发生以来，平台企业纷纷加大直播电商布局力度，越来越多的商家开展直播业务，直播用户增长迅速。直播电商、即时零售等模式业态创新不断激发消费活力，给传统网络零售带来了新的增长点，带动网络零售提质升级，促进供应链的优化和快速响应，助力构建全国统一大市场。截至 2022 年 12 月，我国直播电商用户规模达 5.15 亿人，较 2021 年 12 月增长 5105 万人，已占网民整体的 48.2%[①]，直播电商作为一种互动性强、实时性高的购物方式，给消费者提供了更直观和便捷的购物体验，消费者通过直播电商购买商品已成为一种常态化的购物方式。

二是新一代信息技术在电子商务领域广泛应用。大数据、物联网、人工智能等在电子商务中的支撑作用越来越明显，推动电子商务在助力稳增长、促消费、保就业、惠民生等方面取得显著成效，作为宏观经济的"稳定器""加速器"作用愈发凸显。同时，数字贸易平台加速重构传统贸易产业链，从传统的交易型平台向生态型产业平台加快转变。数字贸易平台通过数字赋

---

① 资料来源：中国互联网络信息中心发布的第 51 次《中国互联网络发展状况统计报告》，第 36 页。

能持续驱动产业链商流、信息流、物流及资金流"四流合一",优化供应链布局,打造柔性灵活的智慧供应链。生态型产业平台将通过增强其连接能力、感知能力及响应能力,以平台化赋能传统产业数字化转型,消除产业主体之间以及产业主体与金融机构之间的信息壁垒,整合创新资源,构建新型供需关系和生态协同关系①。

三是农村电商取得了新进展。在农村电商"新基建"方面,农村互联网覆盖率进一步提升。2021年,我国积极落实电信普遍服务,现有行政村全面实现"村村通宽带",打通了广大农村接入数字经济时代的"信息大动脉",通光纤比例从不到70%提升至100%,平均下载速率超过100 Mb/s,基本实现城乡"同网同速",数字鸿沟显著缩小。农村物流配送体系建设取得新进展。邮政营业网点实现了乡镇全覆盖,建制村全部通邮。"新基建"以及物流配送体系的完善为加快推进农村电子商务发展提供了坚实基础。据商务部的数据,如图2-5所示,2022年,全国农村网络零售增势较好,成为线上消费的新增长点,其零售额达2.17万亿元,同比增长3.6%;其中,全国农产品网络零售额为5313.8亿元,同比增长9.2%,农村电子商务成为农业发展的重要引擎和产业支撑。

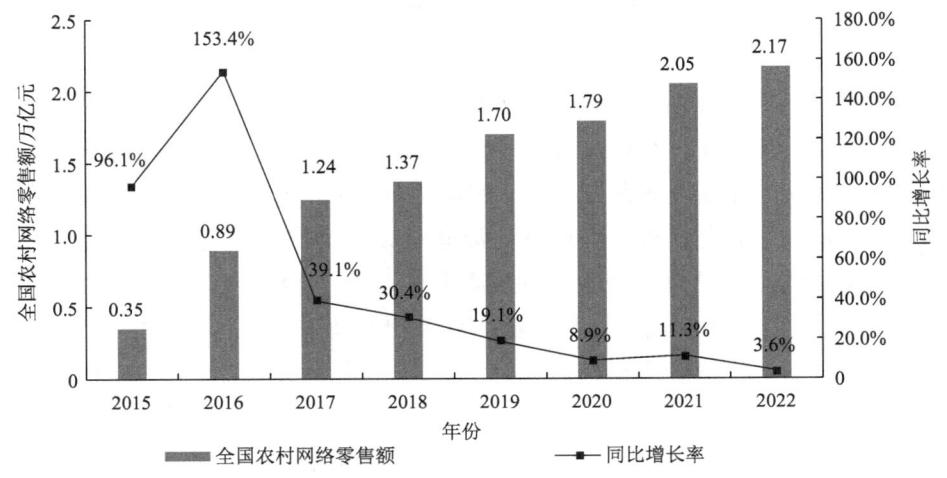

图2-5　2015~2022年全国农村网络零售额及同比增长率
资料来源:根据商务部的数据统计

---

① 李子晨. 数字化赋能贸易高质量发展. https://epa.comnews.cn/pc/content/202304/18/content_6613.html[2024-03-25].

此外，跨境电商、海外仓加速发展，助力外贸企业在新冠疫情影响下逆势突围，保障全球产业链供应链稳定，成为我国数字贸易发展的重要基础。近年来，我国跨境电商行业快速发展，成为贸易高质量发展的新引擎。我国在"买全球、卖全球"方面的优势持续巩固、潜力持续释放，越来越多的中国消费者通过跨境电商平台得以享尽来自世界各地的优质商品和服务，同时，中国的产品也通过跨境电商平台走向世界，深受海外消费者青睐。跨境电商为企业提供了更多的市场机遇，同时也为消费者提供了更多样化的选择。

跨境电商通过整合要素资源、打造反应快速的柔性供应链，凭借线上交易、非接触式交货、交易链条短等优势在稳外贸方面发挥了重要作用。海关总署数据显示，2022年，我国跨境电商进出口额为2.11万亿元，同比增长9.8%，其中，出口额为1.55万亿元，同比增长11.7%，进口额为0.56万亿元，同比增长4.9%。跨境电商进口成为消费升级新路径。在中国居民消费升级过程中，消费者的购物理念正发生着深刻变化。模仿式、排浪式消费逐渐淡出，而个性化和多样化消费渐成主流。跨境电商平台通过智能算法和大数据分析，根据消费者的喜好和需求，为其推荐更加符合个性化要求的商品。跨境电商"买全球"的特性满足了国内消费者追求个性化和品质化的消费需要，已成为国内消费者全球购物重要渠道。

跨境电商全面推动品牌出海。我国跨境电商历经产品出海、精品出海之后，在2022年全面进入品牌出海阶段。为了以跨境电商品牌出海带动外贸转型升级以及产业链与价值链重塑，跨境电商品牌培育正向全阵营、全渠道、全市场发展。一是全阵营品牌培育。跨境电商品牌培育从过去仅依靠贸易型卖家负责的模式转变为多个主体共同参与，包括平台卖家、工贸企业、传统品牌商、新型消费品牌商等，形成新的品牌出海阵营。二是全渠道品牌培育。以往跨境电商品牌培育主要依赖第三方平台和独立站作为渠道，而现在正转为通过第三方平台、独立站、社交网络以及海外实体等多渠道发展，以提升品牌影响力。三是全市场品牌培育。随着各主要跨境电商平台的全球拓展，我国跨境电商企业在稳住欧美主流市场的基础上，积极进军不同市场，加快在中东、东南亚、拉美等地区布局，提升品牌的全球知名度和影响力，实现全球化发展[1]。

---

[1] 李峰. 我国跨境电商出口发展趋势以及对策. 服务外包，2023，（7）：76-79.

二、数字服务贸易规模跃升至全球第二

根据 WTO 数据库统计，2016~2019 年全球服务贸易出口额持续增长，中国占全球服务贸易出口额比重虽一直小幅增加，但比重偏低，远远低于欧美等发达经济体。2020 年受新冠疫情影响，中国出口额小幅下降至 5.19 万亿美元，与此同时，中国占全球服务贸易出口额比重提升至 5.41%，进出口规模保持世界第二位；由于新冠疫情发生在一个网络与数字时代，网络与数字技术高度渗透到服务贸易之中。

据 WTO 的报告，目前全球服务贸易中有一半以上已经实现了数字化。这在一定程度上可以缓解一些服务贸易的损失，使得原本通过自然人流动或者跨境消费而实现的服务贸易，可以通过跨境交付的方式利用互联网远程实现。

2021 年，中国可数字化交付的服务进出口额达 3605.2 亿美元，同比增长 22.3%，两年平均增速达 15.1%，比传统服务进出口额增速高 20.2 个百分点，占服务进出口额的 43.9%，比 2019 年提高 9.2 个百分点。其中，可数字化交付的服务出口额达 1956.7 亿美元，同比增长 26.1%，两年平均增速达 16.7%，占服务出口总额的 49.6%；可数字化交付的服务进口额达 1648.4 亿美元，同比增长 18.1%，两年平均增速达 13.3%，比传统服务进口额增速高 29.8 个百分点，占服务进口总额的 38.6%，比 2019 年提高 13 个百分点[1]。

如图 2-6 所示，2022 年，全球服务贸易出口恢复增长，中国占全球服务贸易出口额比重持续提升，中国服务贸易总额占全世界服务贸易比重高达 11.95%。据商务部预测，2025 年，中国可数字化的服务贸易进出口总额有望突破 4000 亿美元，占服务贸易总额的比重将提高至 50%左右，有利于进一步提升我国在全球服务贸易的规模及占比，中国在全球服务贸易领域的地位将会进一步巩固。

我国的数字服务贸易增长势能正持续显现，具体体现在以下三点。

一是数字服务平台国际影响力稳步提升。以数字交付为特征的数字服务平台成为连接国际贸易不可或缺的重要枢纽，推动全球经济的互联互通，为开放型世界经济注入活力。截至 2021 年底，我国市值高于 10 亿美元的数字

---

[1] 商务部. 中国服务贸易发展报告 2021. http://fms.mofcom.gov.cn/cms_files/oldfile//fms/2023 01/20230113140829275.pdf[2023-01-12].

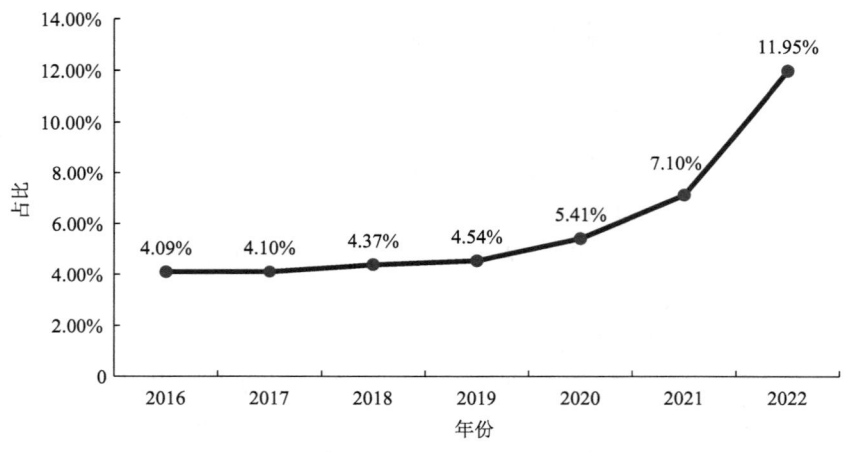

图 2-6　2016～2022 年中国服务贸易出口额占全球比重情况
资料来源：WTO 数据库、国家统计局

平台企业数量已超过 200 家，其中涵盖电子商务、在线支付、云计算、人工智能等不同领域的企业，为经济发展提供了广泛的数字化服务。其中以创新的商业模式和前沿的科技应用为基础，迅速崛起并获得高市值的独角兽企业数量已经超过 300 家，与去年相比增加 74 家，位居全球第二。主要涉及电子商务、医疗健康、人工智能、健康科技等领域。

二是跨境支付业务快速增长。2021 年，在数字人民币的助力下，人民币跨境支付系统（cross-border interbank payment system，CIPS）成为人民币跨境支付"主渠道"，处理业务数量达 334.16 万笔，处理金额达 79.60 万亿元，同比分别增长 51.55%、75.83%。数字人民币成为推动我国跨境支付体系升级的关键力量。2022 年冬奥会期间，数字人民币凭借安全性、效率、追溯性、便捷性和金融包容性等方面的优势，被广泛应用于多个场景中为境外消费者提供更高效与便捷的金融服务。中国人民银行与香港金融管理局已经展开了数字人民币跨境支付的第二阶段技术测试工作，这一举措旨在进一步推动数字人民币的国际化进程，以及促进中国内地与香港之间的跨境支付交易。在此背景下，中小微企业成为第三方跨境支付行业的主要服务对象，呈现出强劲的增长势头。通过数字人民币的应用，这些企业将能够更好地拓展海外市场，实现更加便捷的国际贸易。

三是卫星导航服务呈现高速增长态势。《新时代的中国北斗》白皮书显示，2021 年，中国卫星导航与位置服务产业总体产值约 4700 亿元，继续保持稳定高速增长态势，全球服务范围不断扩大。2020年6月23日，北斗卫星导航系统完成全球组网，成为世界上第四个全球导航卫星系统，与美国的GPS（global positioning system，全球定位系统）、俄罗斯的GLONASS和欧盟的Galileo并列。随着"北斗+"和"+北斗"计划的持续稳步推进，全球化服务加速实现，为数字经济的跨境合作、物流运输、地理定位等提供了可靠支持。北斗系统已深度融入全球基础设施，与互联网、大数据、人工智能等新技术融合发展，为各行各业赋能。

三、高端服务外包连续五年两位数增长

离岸服务外包是可数字化服务出口的重要实现方式。近年来，中国企业承接离岸服务外包业务呈现数字化、高端化趋势，云计算、工业软件、数字技术解决方案、工业设计、集成电路和电子电路设计、新能源技术研发、医药（中医药）和生物技术医药研发等高技术含量、高附加值领域增长迅速。

2021年，中国企业在离岸服务外包领域取得了显著成绩，其承接离岸服务外包执行额达1303.1亿美元，同比增长23.2%，占服务出口比重的33.1%，其对服务出口增长的贡献率达到21.6%；同时，在数字化服务出口的占比达到了66.6%，其对数字化服务出口增长的贡献率高达60.5%。其中，离岸信息技术外包执行额达560.1亿美元，同比增长18.8%，在电信计算机和信息服务出口的占比达到了70.5%，对电信计算机和信息服务出口增长贡献率达47.3%。

电信计算机和信息服务进出口连续五年保持两位数增长。中国紧抓数字经济和数字贸易发展新机遇，不断加快信息技术服务等领域对外开放，有序放宽增值电信业务等领域外资准入限制，推动信息技术外包和制造业融合发展，电信计算机和信息服务贸易国际竞争实力和影响力持续提升。2021年，电信计算机和信息服务进出口总额高达1195.8亿美元，同比增长27.6%，连续五年保持两位数增长，两年平均增长21.7%，占服务进出口的14.6%，比2019年提高4.3个百分点。其中，电信计算机和信息服务出口额达794.7亿美元，同比增长30.8%，两年平均增长21.5%；电信计算机和信息服务进口额达401.1亿美元，同比增长21.7%，两年平均增长22.1%。

四、数字产品贸易市场优势巩固发展

文化产品在海外市场的优势进一步巩固。《中国网络文学国际传播发展报告》显示，截至 2020 年，我国网络文学共向海外传播作品 10 000 余部，其中，已有 4000 多部实体书获得授权，3000 多部翻译作品上线。同时，中国网络文学的海外用户数量已达到 3193.5 万人，网站订阅和阅读 APP 用户数量超过 1 亿人，网络文学在推动中国文化"走出去"方面发挥了重要作用。

数字产品"走出去"平台支撑力日益增强。为了激发文化产业活力，推动对外文化贸易高质量发展，商务部、中共中央宣传部等积极响应文化贸易"千帆出海"行动计划，相继公布两批 29 个国家文化出口基地。发挥文化出口基地的示范引领作用，积极引导和支持基地加强制度和政策创新，以共享资源、产业链协作等方式，引导资本、技术以及人才等向基地聚集。此外，截至 2022 年 9 月，国家广播电视总局在海外 38 个国家建立 62 个"电视中国剧场"，联合相关国家主流媒体开展合作，通过丰富的表现形式，切实推动中国优秀文化节目在海外实现常态化播出。2021 年 11 月，以中国少数民族文化艺术为主的中国民族文化数字文库全球数字网络正式启用，充分运用新一代互联网技术以及数据库技术，对全国各族文化资源进行整合，建立一个有别于传统文化业态的、新一代互联网构架下的民族文化创新引擎，进一步推动中国优秀传统文化海外市场数字化传播。

第三节 数字贸易强国的技术基础

当前，我国数字技术能力快速提升、数字经济发展规模全球领先，数字化、智能化成为经济社会发展的关键驱动力。在全球的这个大平台里，我们能看到科技革命和产业变革正在深度地影响经济社会的各个领域。互联网、人工智能、大数据、区块链、物联网和数字孪生等应用技术，都在推动数据作为关键生产要素，并使得数据的价值日益显著。越来越多的传统产业正在通过这些新型技术加速向智能化和绿色化的方向转型升级。同时，随着新兴产业、新型模式、新型业态的产生和发展，数字经济既促进产业升级和转型，增强了整个市场的核心竞争力，也不断创新经济发展模式，创造了各式各样的工作岗位，日益满足人民的需求，以实现经济的永续发展和增进人民乃至于社会的福祉。

一、信息通信基础建设位居世界前列

工业和信息化部数据显示，我国在"网络超级高速公路"这一板块已经遥遥领先于其他科技强国，建设了高速、移动、安全、泛在的新一代网络基础设施体系，具备了让所有智能设备都联结的能力，为数字经济和智慧社会的快速发展提供了强大的基础支撑。

"双千兆"网络覆盖广度深度持续扩展。我国已建成全球规模最大的光纤和移动宽带网络。截至2022年底，我国光缆线路总长度达到5958万公里，比上年末净增477万公里，网络运力不断增强。固定网络逐步实现从百兆向千兆跃升，截至2022年底，建成具备千兆服务能力的10G PON（passive optical network，无源光网络）端口数达1523万个，较上年末接近翻一番水平，全国有110个城市达到千兆城市建设标准；移动网络保持5G建设全球领先，截至2022年底，我国累计建成并开通5G基站231.2万个，基站总量占全球60%以上，持续深化地级市城区覆盖的同时，逐步按需向乡镇和农村地区延伸；每万人拥有5G基站数达到16.4个，比上年末提高6.3个。

数据中心布局与数据处理能力持续优化。作为数据信息交换、计算、储存的重要载体，三家基础电信企业持续加大数据中心投入，截至2022年底，为公众提供服务的数据中心机架数达81.8万个，比上年末净增8.4万个。其中，中西部地区机架数占比达21.9%，较上年末提高0.6个百分点，数据中心过度集中在东部的局面有所改善。基础电信企业加大自身算力建设力度，自用数据中心机架数比上年末净增16万个，对外提供的公共基础算力规模超18 EFlops（E指千兆兆，Flops指每秒浮点运算次数），着力打造网络、连接、算力、数据、安全等一体化融合服务能力，为提供高质量新型数字化服务奠定基础[1]。

---

[1] 2022年通信业统计公报解读：行业持续向好 信息基础设施建设成效显著. https://wap.miit.gov.cn/zwgk/zcjd/art/2023/art_9f5022af3cdf48789484117d9da03c58.html[2023-01-20].

二、数字技术应用普及全球领跑

（一）数字产业化在社会层面高度普及

自1946年世界第一台电子计算机诞生以来，它为人类社会进入信息时代奠定了基础。科学家在第一台计算机的基础之上，随着可以进行加减法的机器以及电子学的出现，数字逻辑和计算机的发展得到了极大的推动。从1946年的经典计算机体系结构，到20世纪70年代初英特尔设计的第一个微处理器，再到如今最新一代的超级计算机，数字系统的发展速度之快令人惊叹。

如今随处可见，数字技术广泛应用于各个领域，在该技术的带领下，催生出数字化生产、数字化消费等众多新模式，消费者可以接触不同的新场景以及衍生出各式各样的新业态。此外，电子商务、远程办公、线上娱乐、智能物流等无接触经济形式也深入到社会生活中，对人们的生活产生了深远的影响。

互联网技术正在全社会广泛推广，在不断发展的社会进程中有着浓墨重彩的一笔。因为互联网的发达，互联网走入千家万户，中国是全球手机用户数量最大的国家。同时，线上交易的方式使得人们热衷于购物，而手机目前又是人们心中最重要的工具之一，基于此，中国的网络零售交易额规模巨大，成为当之无愧的网络销售大国。

（二）产业数字化的融合创新持续深化

智能化制造、网络化协同、服务化延伸、个性化定制、数字化管理等模式创新成为制造业转型的重要引擎，数字技术应用场景由点及面，从产品的生产线开始，数字技术便可应用于自动化，操纵机器人识别产品并跟踪流程，确保无误；在产品的生产过程中，工人可以通过传感器等智能机器，提前发现生产设备的故障，优化流程，节约时间成本；最后产品出库时，企业可以通过数字平台对供应链进行线上线下相结合的供应链管理，及时解决消费者的问题，提高销售额。数字技术应用范围逐步扩大，应用行业逐步覆盖原材料、装备制造等30余个国民经济重点行业。数字技术创新能够驱动现代服务业与先进制造业实现深度融合，数字技术创新是在原有创新的基本概念基础上，利用数字技术进行服务和产品的智能化升级与智能化拓展，从而提升产业数字化和智能化程度的过程。《中共中央关于制定国民经济和社会发展第十四个五年规划和二〇三五年远景目标的建议》明确提出，要"推动现代服务业同先进制造业、现代农业深度融合，加快推进服务业数字化"。

制造业正在不断深化数字化转型，以适应科技的发展和全球竞争的挑战。在制造业中，工业化、数字化、信息化之间相互促进、紧密联系，携手促进经济增长和社会进一步发展。截至 2022 年 6 月底，我国工业企业关键工序数控化率、数字化研发设计工具普及率分别达 55.7%、75.1%，比 2012 年分别提高 31.1 个百分点和 26.3 个百分点。截至 2022 年 7 月底，"5G+工业互联网"建设项目超过 3100 个，形成一系列新场景、新模式、新业态。全国具备行业、区域影响力的工业互联网平台超过 150 个，重点平台工业设备连接数超过 7900 万台（套），而且超过 160 万家工业企业提供服务，在助力制造业降低成本和提高效率方面发挥了重要作用。此外，智能制造工程有很广阔的应用空间：它可以使得异地的工厂实现联通，提高生产效率；它可以通过大数据等高效收集数据的方式对生产数据进行分析和比对，优化生产流程等。

服务业正在不断提高数字化水平，以提升效率、优化客户体验和满足市场需求。中国的网购市场极其庞大，从 2012 年到 2021 年都处于遥遥领先的地位。10 年的市场份额，从 2012 年的 1.31 万亿元到 2021 年的 13.1 万亿元，虽然字面上只是移动了一位小数点，但显示出了非常显著的增长趋势。在网络零售市场增速迅猛的同时，我国电子商务交易额也表现出强劲的增长势头。随着电子支付和电子金融的发展，交易额由 2012 年的 8 万亿元攀升到 2021 年的 42.3 万亿元，净增长突破 30 万亿元。由此可见，我国的电子商务交易额在全世界范围内表现出强大的竞争力。

农业正在不断推进数字化转型，以提高生产效率、优化资源配置、提升农产品的品质和附加值。2021 年，农作物耕种收综合机械化率超过 72%，农机应用北斗终端超过 60 万台（套），同时，智慧农业新模式如智能农场管理、精准播种施肥等得到了老百姓的一致好评，这些新型模式对于他们来说，不仅能提高生产效率，还能使得种植时间更加科学，土地和时间得到了充分的利用。

第四节　数字贸易强国的平台基础

当今，伴随计算机技术飞速发展，人们生活发生巨大改变，让"数字中国"的打造成为必然趋势。这种技术催生的改变渗透进了各行各业，与此同时，相关数字产业政策的出台也加速了数字化。贸易作为产业经济中重要的组成部分，贸易行业的数字化转型是时代的需求，也是国民经济的助推器。鉴于此，国家推出了各项数字贸易利好的政策，给予了数字贸易发展巨大的成长空间。

一、数字贸易政府平台持续落地

全面深化服务贸易创新发展试点。2020年8月，国务院办公厅逐步尝试在北上广等28个地区试点，重点围绕推动服务贸易改革、开放和创新，提出三个方面8项试点任务、122项具体举措，进一步激发市场活力，打造服务贸易发展高地，提升"中国服务"在全球价值链中的地位。截至2021年底，服务贸易的各项试点的推进工作几乎全数完成，实施且落地的比例高达90%，在这122项措施中，仅有十余项还未最终落地，目前正在全力落实。涉及调整实施行政法规和国务院文件规定的五项举措已获国务院批准。2021年，28个试点地区所在的21个省区市服务进出口额合计为7958.5亿美元，占全国服务进出口总额的比重达97.5%。在国务院服务贸易发展部际联席会议的统筹协调下，有关部门密切协作、主动作为，不断加大对试点工作的支持和指导。各试点地区履行主体责任，大胆探索创新，围绕试点任务先行先试，形成了一批制度创新性强、具备推广价值的案例做法。

服务外包示范城市扩容。服务外包示范城市通过提供良好的政策环境、基础设施和人才支持，能够为服务外包企业提供全方位的支持和服务。在推动该产业快速发展、提升产业竞争力、促进服务区域经济发展以及增强城市吸引力等方面做出了一定的贡献。2009年、2010年、2016年，31个服务外包示范城市逐步被国务院确立。2021年11月，新增徐州、佛山、烟台、贵阳、洛阳、宜昌等6个城市，服务外包示范城市数量增加至37个，覆盖范围更广，对全国服务外包发展的示范带动作用进一步增强。2021年，37个服务外包示范城市承接离岸服务外包执行额达 1109.2 亿美元，同比增长 15.6%，占全国离岸服务外包执行总额的 85.1%。

特色服务出口基地建设持续扩围提质。现如今，服务贸易渐渐成为贸易的主要趋势，特色服务出口基地是我国适应这一趋势的重要路径。截至 2022 年，我国已有 112 家具有别样特色服务的出口基地，涵盖七大板块：文化、中医药、数字服务、人力资源、地理信息、知识产权和语言服务。在这些基地里，我国已有人力资源出口基地 12 家、知识产权出口基地 9 家、地理信息出口基地 5 家以及语言服务基地 14 家。以上的基地数据呈现出我国特色服务出口基地已取得了一定成效，同时也在不断创新不同的特色基地，推动我国在这一领域的建设，进一步提升我国在全球价值链中的地位。2021 年 11 月，商务部、中央网络安全和信息化委员会办公室、工业和信息化部等 10 部门联合印发《关于支持国家数字服务出口基地创新发展若干措施的通知》，提出 12 条具体措施，支持国家数字服务出口基地在体制机制、平台载体、公共服务、国际合作等方面开拓创新，开展先行先试。

中国国际服务贸易交易会成为加强服务贸易领域对外交流合作的重要平台。2021 年，中国国际服务贸易交易会主题为"数字开启未来，服务促进发展"，总体成果数量、交易金额均超过上届，吸引到 116 个境外国家和地区、21 家国际组织、74 家驻华使馆通过线上或线下办展办会，均比上届中国国际服务贸易交易会有所增加。

二、数字贸易企业平台世界知名

（一）希音打造跨境电商平台

希音（SHEIN）成立于 2008 年，早期主要通过第三方电商平台，开拓了欧美地区的服装市场。到了 2012 年，希音关闭了其原有的第三方平台销售业务，转而在美国上线自己的首个独立站。从服装设计到货物的出口，希音已有完整的自主供应链，因而希音能够迅速将市场风向落实到生产，并在极短时间内交付到消费者手上。它这种"超快时尚"的运营模式让其年营收每年持续增长，现希音已成为跨境电商的独角兽企业，也是全球 B2C（business to customer，企业对顾客电子商务）快时尚跨境电商知名品牌。

希音之所以能风靡海外市场也与其推广制度有很大的关系。希音在众多海外主流媒体平台，如 Facebook、ins（Instagram 的简称）、YouTube 和 Twitter 等平台都设有自己的官方宣传账号。通过在这些主流媒体平台上投放大量广告，希音收获了极大的曝光率。除此之外，希音还会与社交平台的 KOL（key opinion leader，关键意见领袖）进行合作，把自家的服装寄给海外网红。经过网红的试穿，希音会观察网友们的反馈，对于反馈效果佳的产品，希音会借助网红的流量优势进一步将产品打造成爆款，不断推流，并通过单笔返还 10%~20% 佣金的形式吸纳会员。对于反馈效果差的产品，希音则立马淘汰。这种推广制度加速了希音的流量转换，也进一步地扩大其品牌知名度。

希音的独立站运营模式给予了希音更多的自由发展空间。拥有自己的独立站，希音不但能够避免受到第三方平台一系列规则的限制，还能基于自己的独立站打造能够实时追踪时尚潮流风向的数据系统，让品牌更好地嗅到时尚趋势所在。

作为一个"快时尚"品牌，希音设计生产的效率也极其瞩目。得益于它的 B2B 采购平台，设计师的选料过程变得工业化起来，这极大地节省了设计师的选料时间，因此，希音的上新效率极高，每日可上新 6000 多件新品。相比起同样是快时尚行业龙头的 ZARA，希音一个月的新品数量是 ZARA 一年的量。因此，希音的生产优势是它占领快时尚行业的重要原因。

希音在跨境电商赛道上的快速成长是以女装作为切入点。在品类方面，希音主要围绕女装展开，针对不同女性用户画像深耕细分市场；在品牌方面，希音成立自己的设计师团队，打造自身独立站，提升"快时尚"品牌知名度；在供应链方面，希音不断升级自身供应链，精准把控供应链的各环节，实现高效的产品全链路生命周期管理。未来，希音将继续在这三大方面进行发展，聚焦商品扩展、产品升级、平台赋能。

希音的运营模式之所以能成功得益于其敏捷的供应链和数字化的全链路管理。一方面，希音的供应链充分做好了小单快返的准备：前端依据大数据分析快速进行产品上新、批量测试，后端柔性供应链采用小单快返生产模式，根据前端反馈对热门款进行大批量返单、对冷门款进行样式修改重新测试，进而在高速迭代下源源不断地生成爆品。这"多快好省准"的关键在于供应链的高效。在组织架构上，希音选择与中小规模的供应商进行合作，这样希音可以保证在上游供应商中拥有绝对的话语权，对于一些小订单，希音通过给予扶持和"不拖款、不留库存"的承诺，尽可能说服工厂和基层供应商接单，从而保障各产品的生产顺利。在管理模式上，希音高度数字化，使用 IT（information technology，信息技术）系统对供应链各环节的资源和信息进行整合。在仓储物流上，希音实现了多仓联动，多物流配合，客管中心能够及时调配货物，积极响应用户需求。另一方面，希音将数字化充分运用到了其全链路的管理当中，包括用户的需求采集、订单管理、物料采购、库存盘点和品牌运营等。这种高度数字化的管理模式不仅仅完美解决了服装行业库存管理难的问题，同时也为其他跨境电商做出了良好的示范。因此，希音强大的数字化供应链体系能迅速地给予前端支撑，做到一件女装由设计到最终上架最短只需 7 天。

希音运用数字化工具在站内和站外都做好了品牌力提升的工作。在站外，把握流量红利，在各平台以低成本的形式获取流量；在站内，运用差异化的平台体验提高了用户黏性，这种站内和站外的联动合作提升了希音的品牌力。

如今，希音背靠两千多家供应商，强大的中国制造成就了他的辉煌，助他横扫欧洲、美洲和中东，创下了海外神话。背靠中国制造，打造独特竞争优势，是进军国际市场的关键！

希音的成功不仅源于"超快时尚"模式，更是其坚持品牌化运营、建立快速响应市场的云工厂平台、"中国制造"支撑的综合效果。希音在跨境电商领域的成功，不仅为中国制造业带来了光辉的荣耀，也为其他企业提供了宝贵的借鉴和启示。

（二）阅文集团打造数字版权贸易平台

阅文集团成立的 WebNovel，即起点国际，是中国网络文学走进海外市场的重要角色。2015 年 3 月，腾讯文学和盛大文学进行了合并，成为现在中国的网络文学领头羊"阅文集团"。与传统的文学出版有所不同，阅文集团主要的经营方式为搭建一个平台，为网络作者提供文学作品的输出途径。阅文集团深耕网络文学领域，著名网文《盗墓笔记》《斗罗大陆》《庆余年》等都是阅文集团所输出的产品。同时对网文 IP 进行电视、电影、游戏化改编，造就出多业态的输出模式。

在外部市场对优质文学作品等精神文化产品的需求持续增长的背景下，阅文集团优质内容的商业价值不断上升。根据业绩报告数据，2019 年，阅文集团营业收入达 83.48 亿元，同比增长 65.69%，入驻作者约 810 万位，作品数达1220万部。在众多作品当中，自有原创文学作品高达1150万部，占据了作品总数的94%。阅文平台占据网络文学市场相当大的份额，从百度小说风云榜公布的数据来看，在2020年的2月份，在该榜单的前30部作品当中，大约有八成作品来源于阅文平台。

除此之外，阅文集团在国内立足文创产品的同时，积极引领网文出海，重视对海外市场的布局，在数字贸易领域创造出卓越业绩。不同于早先仅输出内容的传统海外传播模式，阅文集团瞄准文化输出，这是一种以线上阅读为核心，同时融合版权授权、开放平台等商业措施的网络文学出海新模式。自主打海外市场的WebNovel上线一年以来，其出品的英文翻译作品高达200部，其所覆盖的题材数量也达十余个，海外用户访问数量多达2000万人，活跃用户每天使用其网站及移动平台WebNovel的时长超过90分钟。2018年4月，WebNovel开放原创功能，并作为国内互联网企业率先在海外实践按章节付费阅读制度。2019年6月，阅文集团与新加坡电信集团确立合作关系，这也意味着阅文集团开始逐步探索并加码东南亚市场。2019年9月，阅文集团出资1051万美元，对一家泰国网络文学企业OBU进行收购，借此来获取扩展泰国市场的机会。据阅文集团2019年度业绩报告，WebNovel与2018年底相比，其文学作品总数有了大幅增长，其中，英文和其他本地语言的作品占总数的大部分，大约有88 000部；中文译文作品增加至近700部，同时，用户访问量也增长到近3600万人，海外作者入驻量已超过45 000人。

阅文集团能够在数字贸易领域做出成功探索，与其良好的外部机遇及扎实的内部文化互动基础密切相关。从外部机遇来看，随着网络技术水平的发展，不仅促生了阅文集团的线上数字内容等核心业务，也为阅文集团的文化输出做出了良好的铺垫，为其拓宽市场范围提供了有利机会。此外，对数字贸易相关的扶持与助力政策也为阅文集团的海外贸易进程提供了发展保障和激励。同时，国内产权保护制度与法律的进一步完善和健全，加大了对版权侵权的打压力度，为阅文集团营造出健康的成长环境。从内部文化互动来看，一方面，阅文集团具有优质人力资本，成立了集策划、运营、宣传等重要传播相关工作的核心团队，不断打造品牌口碑，提高了作品影响力和传播范围，行业竞争力也不断增强；另一方面，阅文集团积极参加与组织跨境文化交流活动，实行引进来与走出去并行的文化互动策略，与迪士尼等全球知名故事品牌深度交融，打造内容的多元化和高质量发展，在文化传播的同时，重视本土经济文化背景的契合和融合度，深入挖掘海外市场。

（三）携程集团打造在线服务贸易平台

在线服务是通过互联网等信息技术实现人机交互从而达成服务目的的服务形式。随着大数据、云计算等交互技术的不断发展，在线服务可以但不限于与教育医疗、经济金融、娱乐休闲等方面进行深度融合，从而迸发出更多新业态、新模式。

上海市在线服务的典型企业是携程集团。其创办于1999年，于2003年成功在美国纳斯达克上市。其中携程旅行是中国著名的旅行服务公司，为超过1400万名会员提供综合性的全方位旅行服务，涵盖酒店预约、门票售卖、商旅管理、机票预订等。

携程集团从2012年开始涉足数字贸易。2012年2月，携程集团以总共6.84亿港元收购了中国香港一家有50多年丰富服务经验的永安旅游的全部股权。在这之后，携程旅行携手ezTravel易游网和永安旅游，汇集中国内地（大陆）和港澳台的旅行优势，创办了鸿鹄逸游（HHtravel）品牌。该品牌主打高端旅行，掌控着各项稀缺旅行资源，把控高品质的旅行服务，聚焦于全球华人富豪旅游市场。从此，携程集团开始深入挖掘海外华人旅游市场。在印度，受印度群体所喜爱的在线旅游预订平台Ibibo合并至印度旅行行业巨头MakeMyTrip公司名下，而携程集团持有这两家公司一定的股份，两者的商业合并，也意味着携程集团在印度市场的旅行资源有了更进一步的整合。随着携程集团全球化布局的深入，其在供应链的整合上有了更多资源的衔接，这样可以越过中间商直接为顾客提供便利的旅行服务，也基于旅行资源的扩大，丰富了携程的旅游品类，为扩展国际市场奠定了基础。

携程集团不仅仅开拓华人市场，同时也将目光聚焦到了其他的海外游客。2015年初，携程集团将全球知名的航空航班信息整合平台——Travelfusion进行并购。紧接着，2016年，携程集团又持续收购了全球最大的旅游元搜索平台——天巡。这两家实力强大的公司帮助携程集团建立了能覆盖全球范围的机票信息整合平台和预订系统。除此之外，携程集团在美国收购了三家中文旅行社，分别是"美国纵横"、"海鸥"和"途风网"，旨在打开美国市场。"美国纵横"和"海鸥"对于来美国旅游的游客来说并不陌生，它们是北美区域接待游客的主要旅行社，东西海岸的许多旅游服务都是这两家公司所提供的。"途风网"作为美洲旅游市场的第一品牌，全方位地为各地游客提供北美本地的度假产品，同时也将产品辐射到全球各地。携程集团对这三家公司的并购，意味着其目标市场不再局限于出境的华人群体，还包含其余的海外旅客。2017年11月，携程集团宣布收购旅行搜索创业公司Trip.com，随后携程集团将旗下国际团队与该网站和APP的运营全面结合起来。携程集团通过对天巡和Trip.com的收购，搭建了能够检索全球范围内机票信息的系统，形成了300多万条航线惊人的资源整合能力。到2023年第二季度，携程国际OTA平台的机票预订同比增长超120%，近两倍于2019年水平，国际平台的酒店预订量也创下新高，超两倍于2019年水平。

携程集团的数字贸易能取得今天的成就，在于它能够很好地把握时代的机遇，找准出海时机。在全球化背景之下，"走出去"成为大势所趋，对于中国企业来说，布局海外市场，抢占海外商机是在时代潮流之下站稳脚跟的重要一步。

第五节　数字贸易强国的政策基础

当今，伴随计算机技术飞速发展，人们生活发生巨大改变，让"数字中国"的打造成为必然趋势。这种技术催生的改变渗透进了各行各业，与此同时，相关数字产业政策的出台也加速了数字化。贸易作为产业经济中重要的组成部分，贸易行业的数字化转型是时代的需求，也是国民经济的助推器。鉴于此，国家推出了各项数字贸易利好的政策，给予了数字贸易发展巨大的成长空间。

一、数字贸易顶层设计全球先行

2019年，《中共中央 国务院关于推进贸易高质量发展的指导意见》首次提出加快数字贸易发展，从顶层设计方面对数字贸易的发展提出了指导性意见。2022年的《政府工作报告》明确要求创新发展数字贸易。《"十四五"数字经济发展规划》明确提出要"完善数字贸易促进政策，加强制度供给和法律保障"。

在"十四五"期间的诸多政策规划中，不少政策规划涉及了数字贸易方面，如表2-1所示。

表 2-1 数字贸易相关的政策支持

发布主体	发布时间	文件名称	目标、相关内容
工业和信息化部办公厅、国家发展和改革委员会办公厅	2022 年 1 月 22 日	《工业和信息化部办公厅 国家发展改革委员会办公厅关于促进云网融合 加快中小城市信息基础设施建设的通知》	面向城区常住人口 100 万以下的中小城市（含地级市、县城和特大镇）组织实施云网强基行动，增强中小城市网络基础设施承载和服务能力，推进应用基础设施优化布局
商务部	2021 年 11 月 18 日	《"十四五"对外贸易高质量发展规划》	优化货物贸易结构、创新发展服务贸易、加快发展贸易新业态、提升贸易数字化水平、构建绿色贸易体系、推进内外贸一体化、保障外贸产业链供应链畅通运转、深化"一带一路"贸易畅通合作、强化风险防控体系、营造良好发展环境
商务部等 24 个部门	2021 年 10 月 13 日	《"十四五"服务贸易发展规划》	大力发展数字贸易、推进服务外包数字化高端化、促进传统服务贸易数字化转型、建立健全数字贸易治理体系
中共中央、国务院	2019 年 11 月 19 日	《中共中央 国务院关于推进贸易高质量发展的指导意见》	培育新业态，增添贸易发展新动能的主要举措包括：促进贸易新业态发展、提升贸易数字化水平、加快服务外包转型升级

比如，《"十四五"对外贸易高质量发展规划》提到了下一个五年，国家的重点任务将会放在"创新发展服务贸易"、"加快发展贸易新业态"和"提升贸易数字化水平"等。特别的，在《"十四五"对外贸易高质量发展规划》中，商务部提及"数字强贸工程"，这项工程是目前我国数字化贸易的重点工程。这项工程旨在提升我国的贸易数字化水平，构建贸易数字化"点、线、面、区"立体发展格局，在全国范围内遴选出具备竞争力和创新力的数字化先行企业，打造国内的企业标杆。在"推进内外贸一体化"上，数字化改造也是一大重点举措，力求实现生产端到消费端的数字直连。

《"十四五"服务贸易发展规划》也明确提到了我国经济社会的发展趋向于数字化转型，经济需要顺应时代的趋势抓住发展的新机遇，发挥创新的引领作用，推进服务贸易的数字化进程。

在时代潮流的推进之下，数字化转型是大趋所致，其波及的范围应该是广泛的。2019 年，我国提出了要打造国家数字经济创新发展试验区，力求探索出能够具有普及性的数字化转型体制。我们的探索已有成效，国家也逐步将这种产业数字化推广至各中小城市，因此，2022 年，发布了《工业和信息化部办公厅 国家发展改革委办公厅关于促进云网融合 加快中小城市信息基础设施建设的通知》，以保障中小城市的数字化转型之路，消除中小型城市存在的技术壁垒，给予了数字贸易普及很大的支持。

二、数字贸易法治体系较为完善

（一）国内数字贸易法律及数字安全治理稳步推进

数字化贸易是我国经济的一种新业态，在这种新机遇的诞生之际，也会衍生出很多新的混乱。为了维护好数字贸易的秩序和健康发展，相关的法律也在不断地改进，新的法律条文也因此出台，以保障市场的安全稳定。

现阶段我国已经颁布了不少与数字经济治理有关的法律法规，包括《国务院反垄断委员会关于平台经济领域的反垄断指南》《中华人民共和国个人信息保护法》《中华人民共和国电子商务法》《中华人民共和国网络安全法》《中华人民共和国消费者权益保护法》《中华人民共和国反垄断法》《中华人民共和国数据安全法》《中华人民共和国反不正当竞争法》。这些法律的颁布是数字贸易发展的土壤，也是民生得以保障的基础。

除此之外，数字贸易的发展离不开数字安全的积极建设。我国目前在数字安全的保护上做出了不少的尝试和改进，现阶段已有不少相关政策引导推进数字安全的建设。数据安全的建设工作当前是我国数字治理方面的重点举措，数据安全工作的落实能提升我国数字贸易的安全治理水平。

在"十四五"的规划体系当中，有不少政策文件都提出了对数字安全的建设方针，如表 2-2 所示。

表 2-2 数字安全相关的政策支持

发布主体	发布时间	文件名称	目标、相关内容
国务院	2021年12月12日	《"十四五"数字经济发展规划》	发展目标中包含了"数字经济治理体系更加完善"
工业和信息化部	2021年11月15日	《"十四五"大数据产业发展规划》	六大专栏的具体行动旨在提升数字利用、治理等能力

续表

发布主体	发布时间	文件名称	目标、相关内容
商务部等24个部门	2021年10月13日	《"十四五"服务贸易发展规划》	加强数字贸易治理，在数字贸易主体监管、个人信息保护、数据跨境流动、重要数据出境、数据产权保护利用等领域，及时出台符合我国数字贸易发展特点的政策法规。充分利用区块链、云计算等技术手段，加强风险防范，提升数字贸易治理能力和水平
中央网络安全和信息化委员会	2021年12月27日	《"十四五"国家信息化规划》	到2025年，数字中国建设取得决定性进展，信息化发展水平大幅跃升，数字基础设施全面夯实，数字技术创新能力显著增强，数据要素价值充分发挥，数字经济高质量发展，数字治理效能整体提升
工业和信息化部	2021年7月4日	《新型数据中心发展三年行动计划（2021—2023年）》	统筹推进新型数据中心发展，构建以新型数据中心为核心的智能算力生态体系，发挥对数字经济的赋能和驱动作用
工业和信息化部	2021年3月24日	《"双千兆"网络协同发展行动计划（2021—2023年）》	推进"双千兆"网络建设互促、应用优势互补、创新业务融合，进一步发挥"双千兆"网络在拉动有效投资、促进信息消费和助力制造业数字化转型等方面的重要作用，加快推动构建新发展格局

首先，早在2021年，国家就特别关注我国数字经济发展的安全问题，无论是网络安全防护能力、安全技术措施，还是安全基础设施以及安全应急处置能力，都可能对防范我国数字经济发展的风险具有重要意义。因此，2021年12月，国务院印发的《"十四五"数字经济发展规划》就从这些方面着手，提出加强我国数字经济安全的相关举措，这成为相关顶层设计的最早政策安排。

其次，在《"十四五"大数据产业发展规划》中，工业和信息化部提出了要完善数据安全保障体系、推动数据安全产业发展。这项规划给予了重点产业数字化转型强大的手段支持，也指出了数据安全产业的巨大发展空间，明确了大数据产业未来的发展路线。

此外，在《"十四五"服务贸易发展规划》中，提出要"加强数字贸易治理，在数字贸易主体监管、个人信息保护、数据跨境流动、重要数据出境、数据产权保护利用等领域，及时出台符合我国数字贸易发展特点的政策法规"，并且要"充分利用区块链、云计算等技术手段，加强风险防范，提升数字贸易治理能力和水平"。

除了这些"十四五"政策体系中的政策规划，我国还有其他计划和工程对数字安全工作给予了极大的关注。比如，"安全可靠保障工程"，是我国《新型数据中心发展三年行动计划（2021—2023年）》的重点任务之一，旨在完善新型数据中心安全监测体系，开展网络安全技术能力评估，强化新型数据中心可靠性。还有《"双千兆"网络协同发展行动计划（2021—2023年）》，该计划也在安全保障方面提出了一系列强化行动。

数字安全建设的关键在数字技术的提升上，这一系列政策的出台展现出了国家相关部门对数字安全建设的重视，给予了相关产业和相关企业前进的目标。

（二）数字贸易全球规则治理与国际合作持续优化

除了加强国内的数字贸易治理，中国还积极参与全球的数字治理体系。当前中国参与的数字治理相关的协议有：《二十国集团数字经济发展与合作倡议》《国家网络空间安全战略》《网络空间国际合作战略》、"中非携手构建网络空间命运共同体倡议"等。

一方面，中国在全球数字贸易规则的建设上展现出高度的积极性。目前，我国已充分认识到了参与制度体系建设的重要性。积极参与全球数字化经济发展等方面的规则制定，不仅能够避免我国被排挤在全球发展浪潮之外，还能帮助我国数字经济的开放水平达到更高的程度，实现数字经济的稳定发展，促进我国与"一带一路"共建国家之间的投资与贸易往来，接轨数字技术发达的西方国家。2021年底，我国申请加入《全面与进步跨太平洋伙伴关系协定》（Comprehensive and Progressive Agreement for Trans-Pacific Partnership，CPTPP）和《数字经济伙伴关系协定》（Digital Economy Partnership Agreement，DEPA）。2022年，中国参与的《区域全面经济伙伴关系协定》（Regional Comprehensive Economic Partnership，RCEP）正式生效。

另一方面，中国积极推进数字丝绸之路政策体系建设。中国作为一个开放大国，其经济和世界经济息息相关。在全球化的背景之下，我国自始至终坚定不移地坚持"对外开放"这一基本国策，为的是打造全方位开放新格局，并且能更深层次地融入世界经济体系当中。我们推进与"一带一路"共建国家的合作往来,这不仅是我国进一步推动对外开放的需要,同时也是我们强化与亚洲、非洲、欧洲以及其他世界各国的友好关系的需要。为了更良好地发展"一带一路"的贸易产业,国家不断地创新"一带一路"合作框架,力求将各个环节数字化,推动其朝着更高端的国际合作发展。其中,涉及"数字丝绸之路"的政策文件如表2-3所示。

表2-3　数字丝绸之路相关的政策支持

发布主体	发布时间	文件名称	目标、相关内容
商务部	2021年11月18日	《"十四五"对外贸易高质量发展规划》	强调了"一带一路"对我国对外开放的重要性,特别提出了要深化"一带一路"贸易畅通合作的要求
国务院	2021年12月12日	《"十四五"数字经济发展规划》	加强统筹谋划,高质量推动中国—东盟智慧城市合作、中国—中东欧数字经济合作。拓展与东盟、欧盟的数字经济合作伙伴关系,支持我国数字经济企业"走出去",积极参与国际合作
商务部等24个部门	2021年10月13日	《"十四五"服务贸易发展规划》	专栏11"服务贸易丝路行动"提出:推进实施共建"一带一路"科技创新行动计划,建设"数字丝绸之路""创新丝绸之路"
中央网络安全和信息化委员会	2021年12月27日	《"十四五"国家信息化规划》	加强与共建"一带一路"国家数字经济发展合作,共建高质量、可持续、价格合理、包容可及的数字基础设施,共建联合实验室和技术对接合作平台,高质量共建"数字丝绸之路"
中共中央、国务院	2019年11月19日	《中共中央 国务院关于推进贸易高质量发展的指导意见》	对"一带一路"经济贸易合作提出了三大方面的推进:深化贸易合作、创新投资合作、促进贸易投资自由化便利化。该意见体现了"一带一路"数字化的初步想法

三、数字贸易政策体系全面深化

(一)国家层面的数字贸易政策

数字贸易作为新兴领域,国家目前在几大城市设立了数字贸易示范区。通过对数字贸易示范区的探索,摸索出适合推广的数字贸易体制,在未来进行数字贸易的普及，从而实现大范围实体经济的数字化转型。

数字贸易涉及的主管部门有许多，其中国家发展和改革委员会、商务部、工业和信息化部是主要涉及的部门。具体涉及的政策性文件主要有《"十四五"数字经济发展规划》《"十四五"对外贸易高质量发展规划》《"十四五"大数据产业发展规划》《"十四五"国家信息化规划》《"十四五"服务贸易发展规划》等。

（二）地方政府的数字贸易政策

广东作为经济大省，在贸易上的成绩一直领先全国。《广东省推动服务贸易高质量发展行动计划（2021—2025年）》提出，2021年到2025年广东的服务贸易的发展目标是"服务贸易规模进一步扩大，2021—2025年全省服务贸易总额不低于45 000亿元，保持位列全国前三。优化服务贸易结构，促进新兴服务贸易发展，力争新兴服务贸易、数字贸易额年均增长不低于15%。推动传统服务贸易转型升级，促进服务贸易均衡发展，服务外包额年均增长5%以上。深化服务业对外开放，完善服务贸易政策体系，逐步构建与国际通行规则相衔接的服务业开放体系"。

上海在经济方面的地位在中国是首屈一指，其在数字贸易上也是行业的领先者，未来上海数字贸易发展的目标为：数字贸易国际枢纽港功能不断完善、贸易数字化转型不断加快、商业数字化创新高地逐步建立、口岸数字化水平进一步提升、商务数字治理范式基本形成。

北京作为首都，其在数字贸易发展上也处在全国领先的位置。2021年，北京市商务局等部门发布了《北京市关于促进数字贸易高质量发展的若干措施》，从中我们可以了解到，北京对于数字贸易也有精准的目标：到2025年，北京市数字贸易的规模有所扩大，北京市数字贸易进出口规模达到1500亿美元，占北京市进出口总额比重达到25%。其中，在数字服务贸易的成长方面，数字服务贸易的目标为提高其占全市服务贸易的比重，其比重达到全市服务贸易的75%。在数字贸易相关企业的建设方面，培育一批具有全球数字技术影响力、数字资源配置力和数字规则话语权的数字贸易龙头企业。在数字贸易发展体系的构造方面，要基本建成与国际高标准经贸规则相衔接的数字贸易发展体系。在数字贸易示范区的打造方面，打造具有国内示范作用和全球辐射效应的数字贸易示范区。

江西的贸易水平一直以来也排在全国前列，数字贸易的实力也不容小觑。在《江西省"十四五"数字经济发展规划》文件中，江西省对数字经济规划如下：到 2025 年，江西省数字经济增加值占全省 GDP 达到 45%左右，努力实现规模翻倍。另外，作为国内的贸易水平强省，江西省对数字贸易发展的速度也提出了更高的目标：到 2025 年，全省数字经济增加值增速持续快于全省经济增速、快于全国平均增速，力争数字经济整体发展水平进入全国先进行列。江西省将增强数字化创新对发展能力的引领作用，带动发展能力的提升；让数字技术与经济社会各领域融合的广度、深度得到显著增强；共同提升数字化公共服务能力和数字化治理水平，大力推进与数字经济相关的聚集区的发展，如南昌"元宇宙"。

海南作为我国贸易便利的城市，其数字贸易的发展也处于先进水平。2021 年 10 月，海南省发展和改革委员会出台了《海南省"十四五"时期产业结构调整指导意见》，该意见指出，到 2025 年，产业结构调整取得实质性进展。大力发展旅游业、现代服务业、高新技术产业，到 2025 年，旅游业作为海南省的支柱产业，增加值占地区生产总值的比重达到 12%，具有引擎作用的现代服务业，增加值占地区生产总值比重达到 35%，高新技术产业增加值占地区生产总值比重达到 15%。具体地，现代服务业增加值占服务业的比重达到 54%。这一目标展现了海南的产业结构将进行提质升级，优化各产业的数字化转型。

第三章 数字贸易强国建设实践[*]

伴随数字经济的快速发展，全球经济已逐步向数字化驱动转型，数字经济已经成为当前全球经济新的驱动力。2021年，全球跨境数字服务贸易规模达3.86万亿美元，数字贸易在服务贸易中的占比超过60%。数字化发展，是中国崛起、弯道超车的重大机遇。在数字经济飞速发展的潮流下，数字贸易是强国建设的重要实践。

第一节 国外数字贸易强国实践

一、国外数字贸易发展历程

全球数字贸易的发展可追溯到1998年，当时美国商务部发布数字经济报告，提出计算机信息技术的发展将带来新的数字经济形态。作为全球数字化转型的国家，数字产业为美国发展数字贸易提供了基础。此后，各国开始发展数字产业，并陆续开始了电子商务的发展阶段。至2000年，电子商务已逐步成型。2000年到2012年，电子商务蓬勃发展，但尚未形成准确的数字贸易概念，数字贸易被表述成电子商务。2013年，美国国际贸易委员会提出数字贸易概念，2014年后，美国国际贸易委员会将实体货物纳入数字贸易的范畴。

WTO在《2020年世界贸易报告》中指出，各成员方逐步推进数字化转型升级，IT技术的升级与推广应用更是扩展了服务贸易数字化的范畴。根据联合国贸易和发展会议（United Nations Conference on Trade and Development，UNCTAD）数据（图3-1），2016~2020年，全球数字贸易规模由2.60万亿美元增长到3.17万亿美元。

---

[*] 本章作者：孙波，广东外语外贸大学国际服务经济研究院副院长、教授；张雅婷、罗伟允，广东外语外贸大学经济贸易学院硕士研究生。

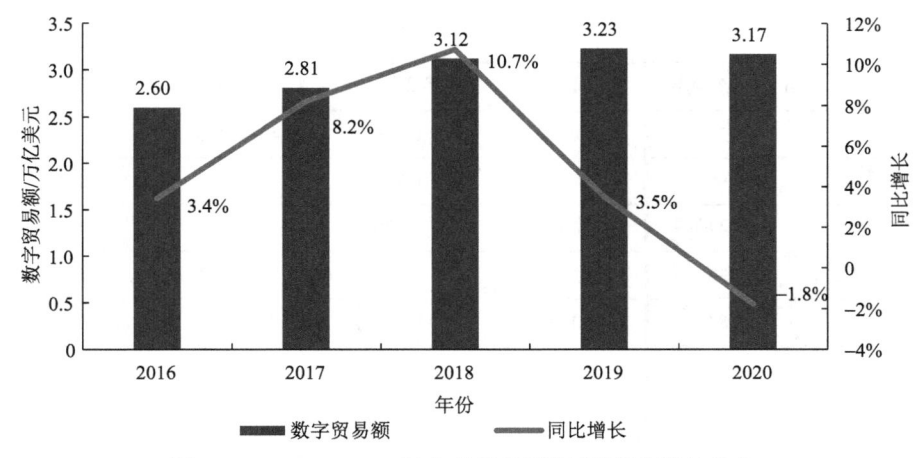

图 3-1　2016～2020 年全球数字贸易规模及增长趋势
资料来源：UNCTAD

随着世界互联互通水平的提升，数字平台在互联网和计算技术背景下大量产生，推动经济高速发展，并使生产力得到大幅度提升。伴随数字贸易与疫情对贸易生态的重塑，全球价值链布局区域化趋势逐步凸显。本章主要根据主要发达国家和地区的数字贸易发展实践，对当前国内外数字贸易发展情况进行分析和研究。

二、主要发达国家和地区数字贸易强国实践

根据《全球数字经济白皮书（2022 年）》，美国 2021 年数字经济规模达到 153 181 亿美元，继续保持世界第一（表 3-1）。紧随其后的是中国、德国（欧盟成员国）、日本、英国。欧盟作为一个经济共同体，总数字经济规模约为 6.4 万亿美元，本书选取美国、欧盟、英国、日本为研究对象，梳理它们的数字贸易政策，总结这些国家和地区在数字贸易发展等方面的情况，以分析其发展模式。

表 3-1　2021 年各国数字经济规模（单位：亿美元）

国家	数字经济规模	国家	数字经济规模	国家	数字经济规模
美国	153 181	德国	28 767	英国	21 679
中国	70 576	日本	25 691	法国	13 637

续表

国家	数字经济规模	国家	数字经济规模	国家	数字经济规模
韩国	9 631	新加坡	1 729	马来西亚	937
印度	6 799	瑞士	1 596	南非	801
加拿大	5 441	瑞典	1 580	泰国	724
墨西哥	4 338	荷兰	1 493	土耳其	651
意大利	4 285	印度尼西亚	1 473	捷克	649
巴西	3 513	波兰	1 325	罗马尼亚	643
俄罗斯	3 348	比利时	1 273	奥地利	548
澳大利亚	3 283	挪威	1 125	越南	473
爱尔兰	2 680	丹麦	1 106	匈牙利	441
西班牙	2 371	芬兰	1 099	新西兰	328

资料来源：《全球数字经济白皮书（2022年）》，中国信息通信研究院

（一）美国数字贸易建设实践

1. 大力推动数字贸易自由化

美国国际贸易委员会于2013年和2014年分别发布了《美国和全球经济中的数字贸易Ⅰ》与《美国和全球经济中的数字贸易Ⅱ》，对数字贸易的内涵做了说明。在2015年的《国会两党贸易优先权和责任法案》中，美国以法律形式明确了数字贸易谈判规则，明确规定政府不得要求数据本地化存储，也不能设置数字贸易障碍。

当前，美国推动数字贸易自由化，一是美国贸易代表办公室成立专门部门跟踪各国数字贸易情况，并定期发布《对外贸易壁垒国家贸易评估报告》；二是美国积极推进全球数字贸易自由化的进程，在国际相关贸易组织和相关国家制定数字贸易协定中，打造数字贸易规则，同时作为数字贸易领域的开创者，美国的数字贸易就是旨在构建一个"美国领导下的国际数字贸易规则体系"，积极推进美国的数字贸易的自由化政策。

2. 积极构建数字贸易规则

美国重视数字规则的制定，以"美式规则"来引领全球的数字贸易发展

方向。蓝庆新和窦凯[①]及肖宇和夏杰长[②]将美欧日数字贸易概念的界定分为三个阶段（表3-2），2012年前，数字贸易概念暂未被明确提出。2013年，美国国际贸易委员会在《美国和全球经济中的数字贸易Ⅰ》中率先提出数字贸易的概念和范围；2014年，《美国和全球经济中的数字贸易Ⅱ》将国内贸易纳入其中，拓宽了数字贸易的范围；2017年，美国贸易代表办公室进一步扩展数字贸易概念，在《数字贸易关键壁垒》报告中指出，数字贸易不仅包括消费者产品在互联网上的销售以及在线服务的提供，还包括实现全球价值链的数据流、实现智能制造的服务以及无数其他平台和应用[③]。

表3-2 数字贸易不同阶段概念的演绎

阶段	名称	内涵	特征
阶段一（1998~2012年）	电子商务	传统商务与贸易活动的电子化和信息化	商务活动的信息化
阶段二（2013年）	跨境电子商务	分属不同关境的交易主体，通过电商平台达成交易，进行支付结算，并通过跨境物流送达商品的一种国际商业活动	电子商务或跨境化
阶段三（2014年至今）	数字贸易	通过互联网传输产品和服务的国内商务和国际商务合同	交易内容的数字化

美国根据本国数字贸易发展状况、国际经济形势等不断动态调整其数字贸易的具体规则，积极与其他国家就数字贸易进行谈判，签订多项协定以输出其在数字贸易领域的主张（表3-3）。美国对本国具备竞争力的数字产业实行高标准的贸易保护措施和数字贸易自由主义，如电子商务、云计算和数据服务、软件和应用开发、社交媒体和数字娱乐等优势产业，给予较大力度的知识产权保护，同时促进该产业可自由地占领全球市场，减少贸易的限制，推行"数据存储非强制本地化"等条例。通过数字贸易规则的制定，美国大力强化了自己作为全球数字贸易代表的领导者优势。作为全球最大的数字贸易强国与引领者、数字贸易的开创者，美国旨在构建一个占领全球数字贸易

---

① 蓝庆新，窦凯. 美欧日数字贸易的内涵演变、发展趋势和中国策略. 国际贸易，2019，(6)：48-54.

② 肖宇，夏杰长. 数字贸易的全球规则博弈及中国应对. 北京工业大学学报（社会科学版），2021，21（3）：49-64.

③ 李久盛. 美国数字贸易规则对我国影响及应对措施. 中国经贸导刊，2023，（8）：35-38.

市场的"美式数字贸易规则"。

表 3-3　美国主要协定对数字贸易规定的主要内容

协定名称	主要内容
《跨大西洋贸易与投资伙伴关系协定》（Transatlantic Trade and Investment Partnership，TTIP）	在个人信息保护、数据跨境自由流动、源代码保护、数据存储非强制本地化、电子传输征收关税、市场准入、电子商务便利化等核心规则方面提出具有约束力的要求
《美日数字贸易协定》（U.S.-Japan Digital Trade Agreement，UJDTA）	一是对数字知识产权的保护力度；二是关于"知识产权"等纳入"数字产品非歧视性待遇"的例外规定；三是强调成员方针对数字服务和产品征收国内税需基于非歧视原则等
《美国-墨西哥-加拿大协定》（The United States-Mexico-Canada Agreement，USMCA）	增加了关于算法、信息内容服务提供商、交互式计算机服务、政府数据等新内容，涉及数据流动和跨境交换、数据隐私与保护、网络安全等方面的内容

资料来源：李久盛的《美国数字贸易规则对我国影响及应对措施》；周念利和吴希贤的《美式数字贸易规则的发展演进研究——基于〈美日数字贸易协定〉的视角》；USMCA 第 19 章

3. 强化数字贸易政策支撑

1993 年，克林顿政府发布"国家信息基础设施行动计划"，表示对数字信息产业的支持，推动互联网发展，为美国数字经济发展打下坚实基础。1997 年，克林顿政府发布的《全球电子商务框架》，确立了美国数字贸易发展的精神和原则，自此以后一系列互联网公司诞生于硅谷并飞速发展，开启互联网经济的新时代。伴随美国数字经济的发展，美国出台了一系列政策支持了数字贸易的发展。例如，通过各种法律法规保障数字领域多方参与主体的权益，助推数字贸易的发展，如《美国数据隐私和保护法（草案）》针对的是消费者权益保护；UJDTA 则是关于加强对数字知识产权的高要求标准等。在美国强大的数字产业经济政策支撑下，制定适当的数字市场和技术战略，奠定美国在算法、芯片、数据等产业的世界领先地位，使美国在数字技术和创新方面具有强大的技术优势，本土产生了众多科技巨头和新创企业，为数字贸易市场提供源源不断的增长点与数字产品供给。同时，在政策的保护下，跨境数据的大量流动和数据的隐私保护，使美国成为数据管理与实践、数字贸易治理和网络安全、数字资产保护中最重要的国家，大力促进了美国数字贸易的长期繁荣发展。

4. 数字贸易产业基础与技术设施强大，数字经济增速已超整体经济增速

近十几年以来，美国的数字经济增速已超整体经济增速。根据美国商务部经济分析局（Bureau of Economic Analysis，BEA）统计数据（图3-2），2016~2020年，数字经济实际增加值增速均快于GDP增速。根据中国信息通信研究院统计，2021年，美国数字经济规模达15.3万亿美元。

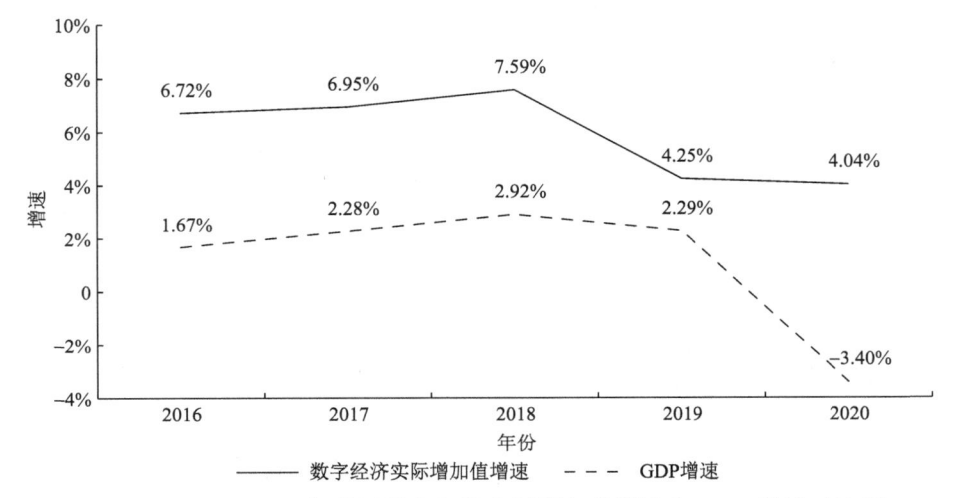

图 3-2　2016~2020 年美国数字经济实际增加值增速和 GDP 增速对比图
资料来源：BEA 数据、腾讯研究院

近年来，美国对 5G 等新一代数字基础设施加紧布局和建设，2020 年，美国绝大部分数字经济相关行业都有不同程度的增长（表 3-4）。同年，美国发布《5G 技术实施方案》报告，进一步推动其数字贸易的发展。

表 3-4　2020 年美国数字经济各行业占比及增速

行业	占比	增速（不变价）
硬件	13.0%	7.2%
软件	23.1%	6.3%
基础设施合计	36.1%	6.6%
B2B 电商	15.6%	-0.8%
B2C 电商	7.8%	22.4%
电子商务合计	23.4%	5.8%

续表

行业	占比	增速（不变价）
云服务	4.9%	15.3%
电信服务	18.7%	−1.7%
互联网和数据服务	5.5%	2.6%
其他收费数字服务	11.5%	−0.7%
收费数字服务合计	40.6%	0.9%

资料来源：BEA 数据、腾讯研究院

5. 美国已经成为全球数字贸易强国与引领者

根据 UNCTAD 数据（图 3-3），2020 年，美国数字贸易额为 5330.93 亿美元，占世界总额的近五分之一，体现美国数字贸易发展的比较优势。2020 年，美国数字贸易规模较 2016 年增长了约 16%。从服务贸易结构看，通过数字形式交付的服务出口规模在美国服务贸易的占比保持在五成以上，2020 年，更是超过七成（75.55%），体现其在美国服务贸易的主导地位。全球头部互联网公司苹果、谷歌、微软、Meta、亚马逊则是美国数字贸易的代表性企业。

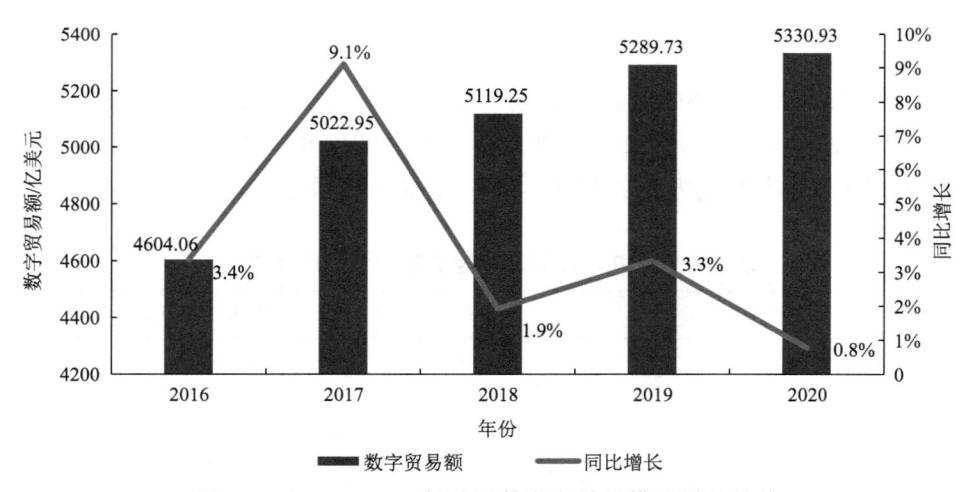

图 3-3　2016～2020 年美国数字贸易规模及增长趋势
资料来源：UNCTAD

随着美国事实上已经成为全球数字贸易的引领者，美国为保护其在数字经济和数字贸易的领导地位，将继续大力展现其全球数字贸易领域的影响力和扩张力。近年来美国在全球数字贸易方面坚持以本国为主的发展，特朗普政府强调"美国优先"，而拜登政府则将"数字霸权"与国家安全联系在一起。国际上很多相关数字产业数字贸易的政策和协定都彰显了美国烙印。今后，美国依旧会和自己的盟友进行合作，构建数字贸易领域朋友圈，维护其数字贸易引领者的地位。

（二）欧盟数字贸易建设实践

1. 数字贸易政策实施具有单一性

与美国作为超级大国的全球贸易战略不同，美国主张信息和数据全球自由流动，而欧盟实施区域一体化，内部的数据自由流动。

一是完善欧盟数字基础设施建设。数字基础设施完善是数字贸易发展的必要条件。为打破数字市场壁垒，2018年，欧盟公布了"数字欧洲"计划，计划投资92亿欧元用于数字技术的发展和普及。2023年，发布"多国项目"以推动5G和量子计算在内的数字基础设施投资。

二是提供良好的数字贸易制度环境。2018年到2022年，欧盟先后发布了《通用数据保护条例》、《数字服务法案》与《数字市场法案》，与此同时，欧盟还提出了《数据法案》的新措施。

三是号召成员国提升数字贸易的战略定位至国家战略层面。2015年，欧盟发布《数字化单一市场战略》，推动欧盟境内的数据资源自由流动。2017年，欧洲议会国际贸易委员会通过了《数字贸易战略》，提出欧盟应对数据贸易的国际规则和协定设立标准，并确保数字贸易发展尊重消费者的基本权利。

2. 总体数字经济规模高，不同成员国数字化程度参差不齐

从总量看，根据中国信息通信研究院统计，2021年，欧盟的数字经济规模为6.4万亿美元，其中，德国与法国的数字经济规模达万亿美元水平。从综合表现看，根据欧盟2022年"数字经济与社会指数"，欧盟27个成员国中，芬兰以总得分69.6分排名第一，丹麦、荷兰、瑞典分别以69.3分、67.4分、65.2分紧随其后。希腊、保加利亚与罗马尼亚的数字化水平较低，基本在30～40分的水平。

在数字基础设置方面，欧盟已全面覆盖宽带，70%的家庭已搭建超大容量网络（very high capacity networks，VHCN）连接［包括光纤到户（fiber to the home，FTTH）和同轴电缆数据接口规范（data-over-cable service interface specifications，DOCSIS）］。光纤到户的覆盖率从2020年的43%增长到2021年的50%；DOCSIS 3.1的覆盖率从2020年的28%增长到2021年的32%。然而，不同欧盟成员国之间的网络情况仍存在很大差距：马耳他、卢森堡、丹麦、西班牙、拉脱维亚、荷兰和葡萄牙是超大容量网络覆盖率最高的成员国（家庭覆盖率均超过90%）；部分国家的超大容量网络覆盖率较低，包括希腊（20%）、塞浦路斯（41%）、意大利（44%）、奥地利（30%）、捷克（19%）。截至2021年中，除了拉脱维亚和葡萄牙，所有成员国都推出了5G商业服务，在欧盟人口密集地区5G覆盖率已上升到66%。

在企业数字化方面，截至2021年，仅55%的欧盟中小企业在企业数字化方面达到了基本水平。瑞典和芬兰的中小企业数字化率最高，分别达到86%与82%。罗马尼亚和保加利亚的中小企业数字化率最低。

3. 数字贸易增长迅速，成为全球数字贸易的重要地区

近年来，欧盟数字贸易出现增长迅速态势。根据UNCTAD数据（图3-4），2016～2020年，欧盟数字贸易额由10 003.6亿美元增长至12 411.9亿美元，增长了约24%，数字贸易额占总服务贸易出口上升至2020年的64.15%。SAP、埃森哲是欧盟具有代表性的数字服务输出商，长期为世界各国企业提供优秀的数字服务。

4. 数字贸易市场和基础设施优势变化明显

近年来，欧盟经济增长乏力加剧了其数字化转型的紧迫性。欧盟陷于通胀危机、制造业发展疲软、区域内部发展不平衡等发展困境，从图3-4中也可看出，欧盟的数字贸易增长率自2018年达到峰值后逐渐下降，这表明欧盟数字贸易增长规模逐渐减小，欧盟希望通过鼓励数字化转型来拉动欧盟的经济进一步增长，在此基础上，得益于欧洲最大的数字贸易市场和数字贸易规模、良好的数字基础建设等优势，欧盟成为全球数字贸易的重要地区。而且欧盟在全球数字贸易规则制定上拥有一定的话语权，也为其数字贸易发展提供一个良好的制度环境。

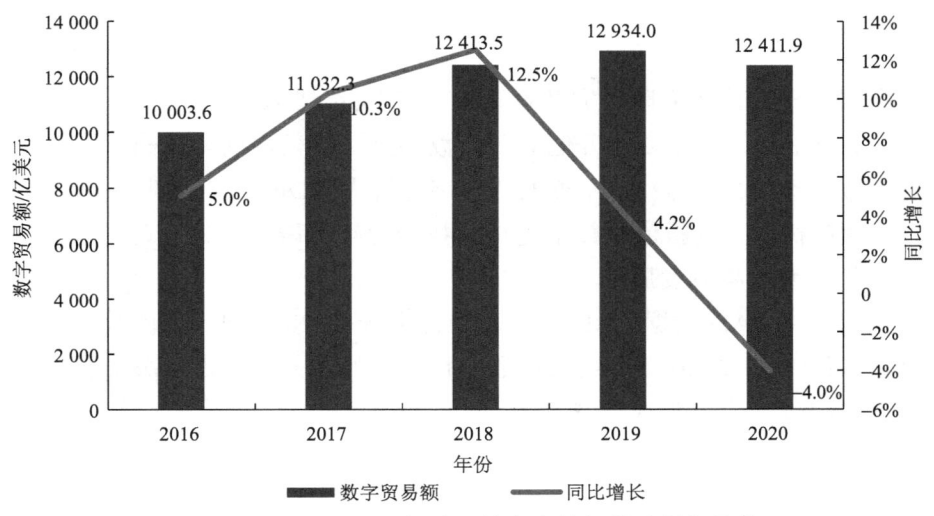

图 3-4　2016~2020 年欧盟数字贸易规模及增长趋势
资料来源：UNCTAD

（三）英国数字贸易建设实践

1. 实施以人为核心的数字贸易政策

2008 年 10 月，英国启动"数字英国"战略项目。2009 年，英国政府发布了《数字英国》白皮书。英国希望通过改善基础设施，全民化推广数字应用，提供更优质的数字保护，促进英国经济的长期稳定发展。2017 年，发布《英国数字战略》，提出把数字部门的经济贡献值由 2015 年的 1180 亿英镑提高至 2025 年的 2000 亿英镑。此外，《英国数字战略》还提出为每个人提供所需的数字技能，不断提高数字素养。2020 年，英国启动"未来科技贸易战略"。该战略提出促进数字贸易便利化。2022 年，英国更新了《英国数字战略》，新增加了"数字雇主的签证路线"，体现英国将重点关注数字基础、创意和知识产权、数字技能和人才、为数字增长畅通融资渠道、高效应用和扩大影响力、提升英国的国际地位等 6 个关键领域的发展。

不管是数字化应用全民推广、优质的数字保护，还是与人或平台个体相关的数字经济目标，英国的数字战略大多从微观层面出发，提出保护消费者数据隐私，营造良好的数字创新制度环境等举措，激发创新活力，增强英国数字经济方面的核心竞争力。

2. 紧抓机遇积极推进数字化转型，数字贸易发展势头强劲

中国信息通信研究院研究数据显示，2018 年到 2021 年间，英国数字经济由 1.7 万亿美元增至 2.2 万亿美元，数字经济规模位列全球第五，是全球第五大数字经济体。2021 年，英国的数字经济占 GDP 比重达到 68.0%。2008 年，金融危机后，英国依托数字经济寻找新的经济增长点，推动英国经济全面数字化转型并高效发展。

根据 UNCTAD 数据（图 3-5），2016 年至 2020 年间，英国数字贸易规模增长了约 9%。2020 年，英国可数字化交付的服务出口占服务贸易出口的比重首次超过八成，为 83.72%。

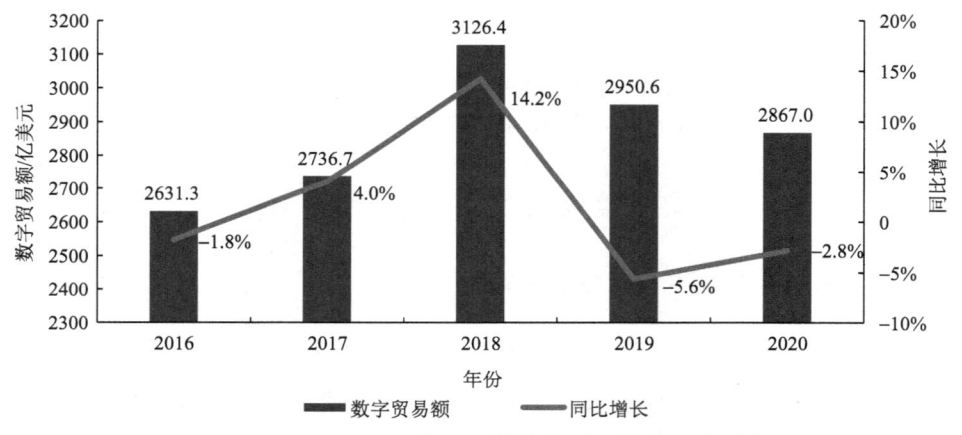

图 3-5　2016~2020 年英国数字贸易规模及增长趋势
资料来源：UNCTAD

从英国数字贸易的合作国家来看，自 2019 年英国正式脱欧以来，英国分别与日本、澳大利亚、新西兰、新加坡签署各种经济协定，此外，英国也是美国最大的数字服务贸易伙伴，占美国数字服务出口的 23%。

3. 英国的数字贸易特色明显，注重科技与文化创意的结合

英国的数字贸易产业主要有四类。一是电子商务产业，英国是欧洲第一大电子商务市场。2020 年，英国 B2C 跨境电商出口额位列全球第三，占 B2C 电商销售总额的比例为 15.2%。二是创意产业，英国创意产业融合数字技术，形成全新的"CreaTech"（创意科技）产业模式，加速调整产业结构优化，促使产业业态全面创新升级。三是金融科技产业，英国金融科技超过世界平

均水平。四是工业设计产业，2010~2019年，英国设计产业增速是本国整体经济增速的两倍，伦敦享有"世界设计之都"的美誉。

（四）日本数字贸易建设实践

1. 日本数字贸易实行三步走战略

日本数字化实行"三步走"战略，由"e-Japan"到"u-Japan"再到"i-Japan"。"e-Japan"中的"e"，即"electronic"。"e-Japan"战略为日本信息化建设搭建基础框架。2004年，日本总务省推出"u-Japan"战略，着力于以人为本。2015年，"i-Japan"被提出。"i-Japan"中的"i"意为"自身的"，意在推动日本公共领域数字化改革。

日本的数字贸易注重把握发展机遇，融入技术创新，以技术创新融入数字贸易，进而获得数字贸易的领先优势。

2. 数字贸易起步早，发展速度相对滞后

根据中国信息通信研究院统计，2021年，日本数字经济规模为2.6万亿美元，低于美国、中国与德国，略高于英国。计算力是数字经济增长的动力，根据浪潮信息联合国际数据公司（International Data Corporation，IDC）发布的《2020全球计算力指数评估报告》，日本与德国、英国、法国和澳大利亚同处于跟跑者位置，分数在40~60分。

日本数字经济虽然起步较早，但整体发展速度相对滞后。从内部来说，日本人强烈的隐私保护意识与日本长期形成的条块分割特点（日本行政机构、行业系统、各大企业集团之间相互割据，各自为营），是抑制日本数字经济发展的重要原因。以政务电子化代表项目的个人番号制度为例，从2016年1月正式投入使用至2021年5月，个人番号的普及率仅为30%。从外部来说，日本的硬件发展虽然态势良好，富士通、索尼、东芝等企业的硬件产品表现优异，但日本软件遭受来自美国、中国、印度的压力，发展相对缓慢。软件、数字服务等数字软实力的发展不足也是日本数字经济发展相对较慢的原因之一。

当前，日本正加快数字经济发展的脚步，2020年9月，日本首相菅义伟在自民党总裁选举中提出要创设数字厅，将各部门的数字政策集中起来，实现一元化。2021年9月，数字厅以"前所未有的速度"宣告成立。日本把2025年实现数字社会作为目标，制定三大人才培养计划：所有高中生（100万人/年）掌握相关"数理数据科学、AI"的基础素养，培养了解数据科学专业领域应用人才（25万人/年），实施AI的社会再教育（100万人/年）[①]。此外，疫情期间的宅生活也带动日本数字产业的迅速发展，居家办公等新的生活办公方式提升了日本企业数字化转型的内在需求。

3. 以跨境电商见长的数字贸易强国

根据UNCTAD数据（图3-6），2016~2020年，日本数字贸易规模有一定增长，数字贸易额由2016年的970.24亿美元增长至2020年的1147.41亿美元，增长了约18%。日本数字贸易额占服务贸易出口比重整体呈上升态势，2020年，日本数字贸易比重首次超过七成，为71.58%。

图3-6　2016~2020年日本数字贸易规模及增长趋势

美国、日本和中国的电子商务销售额一直位列前三位，同时美国与中国是日本最大的跨境电商贸易伙伴（表3-5）。2014年，中日的跨境电商贸易总额为6261亿日元，美日的跨境电商贸易总额为6757亿日元。2015年起，中日的跨境电商贸易总额超过美日，2015年中日的跨境电商贸易总额为8166亿日元，美日的跨境电商贸易总额为7400亿日元。2019年，中日跨境电商贸易总额为16 870亿日元，美日跨境电商贸易总额为11 897亿日元。中国成为日本跨境电商贸易主要的进口国家。

---

① 陈祥. 日本人工智能战略论析. 大连理工大学学报（社会科学版），2023，44（5）：18-27.

表3-5　2014～2019年日本与主要跨境电商贸易伙伴（中国、美国）的贸易情况

年份	中日贸易额/亿日元 日出口	中日贸易额/亿日元 日进口	中日贸易额/亿日元 贸易额	美日贸易额/亿日元 日出口	美日贸易额/亿日元 日进口	美日贸易额/亿日元 贸易额	顺差额/亿日元 中国	顺差额/亿日元 美国
2014	6 064	197	6 261	4 868	1 889	6 757	5 867	2 979
2015	7 956	210	8 166	5 381	2 019	7 400	7 746	3 362
2016	10 336	226	10 562	6 156	2 170	8 326	10 110	3 986
2017	12 978	243	13 221	7 128	2 327	9 455	12 735	4 801
2018	15 345	261	15 606	8 238	2 504	10 742	15 084	5 734
2019	16 558	312	16 870	9 034	2 863	11 897	16 246	6 171

资料来源：日本经济产业省历年《电子商务市场调查》

4. 数字技术力量和研发实力强大，拥有专门数字管理机构

日本数字技术创新和研发实力强，拥有很多先进的数字技术，而且日本企业在数字领域中投入大量资金和资源，先进的技术使优质的产品与服务更易于获得，因此日本的产品常以精湛的工艺、高品质为全球消费者所认可。这成为日本实施数字经济的重要支撑。2021年9月，日本设立了独立的政府机构"数字厅"，设立了数字大臣，实现数字领域的一元化管理，有利于数字经济更高效发展。同时还提出了在2026年要培养230万拥有数字技能的数字化人才的目标。

（五）其他国家和地区数字贸易建设实践

美国、欧盟、英国、日本等发达经济体强化数字贸易战略布局的同时，新兴经济体与发展中国家也在提升自身数字经济实力，参与数字贸易战略布局。印度依托区位优势，发展数字海事，提高数字贸易软实力。印度在2021年数字经济规模为0.7万亿美元。印度发布《2030年印度海事愿景》，将使用人工智能、机器学习等技术，简化主要港口流程，提高物流效率。马来西亚在2021年数字经济规模达0.09万亿美元。2021～2022年，马来西亚先后发布马来西亚数字经济蓝图、"马来西亚数字"计划，分三个阶段，推行三大策略与六大主轴方案以推动数字经济发展，其中三大策略包括鼓励各领域成为创意商业模式的创造者与使用者、培养具备竞争力的人力资本和打造一个允许社会参与数字经济的综合生态。六大主轴方案分别为推动公共领域的数字化转型、通过数字化提高经济竞争力、开发数字基础设施、培养具备数字技能的人力资源、建立具包容性的数字社会和打造有保障且符合道德的数

字环境[①]。这些策略和方案有望在 2025 年为马来西亚 GDP 做出 22.6%的贡献，推动打造具有全球竞争力的数字技术企业。越南政府在 2020 年颁布了《至 2025 年国家数字化转型计划及 2030 年发展方向》，以期数字经济能占本国 GDP 比重更高、信息化发展指数和全球网络安全指数更高、政务数字化处理能力更强等。越南政府在数字化转型道路上尤其重视"全民参与"，不仅设立了企业层面的"越南制造数字技术产品"奖，还将每年 10 月 10 日定为国家数字化转型日，以期全国上下能齐心协力推动数字化转型。2021年，越南数字经济规模达 0.05 万亿美元。

三、国外数字贸易强国实践小结

从整体上来看，各国家或地区数字贸易实践为我国数字贸易发展提供了以下思路。

（1）加强数字基础建设的互联互通。例如，美国得益于 20 世纪 90 年代"国家信息基础设施行动计划"、欧盟致力于完善数字基础设施建设，推动欧盟内部的数据自由流动，发挥欧盟高度一体化的区域发展优势。

（2）拓宽数字技术场景应用。例如，英国会关注微观层面（人或平台个体等），侧重发挥特色产业优势与数字技术的结合，包括创意、工业设计等产业的技术应用，使其数字特色产业遍地开花。

（3）推动数字技术创新。日本以技术创新为突破口，加大数字化投入，使各行各业享受到数字化带来的福利等。

（4）积极参与国际相关规则制定。例如，日本已与亚洲、欧洲、北美、大洋洲的主要经济体制定数字贸易规则，签署了《日美数字贸易协定》等规则，越来越细致化、全面、高水平的数字贸易规则为国际数字贸易规则制定提供了参考。

（5）由于各国家或地区数字经济政策发展理念、数字化程度和实际国情等的不同，各国家或地区数字贸易实践和发展路径也有所区别（表 3-6）。从制定的跨境流动规制来看，欧盟以数据保护为主导，强调实现域内数据自由流动与数据本地化；美国则依托跨境数据自由流动模式实现其数字市场的规模扩张，不同国家或地区对数据隐私和安全、知识产权保护等问题的法律

---

① 马来西亚推三大策略、六大主轴发展数字经济. http://www.mofcom.gov.cn/article/i/jyjl/j/202102/20210203041143.shtml[2021-02-22].

要求也存在差异。从数字贸易发展侧重点来看，日本更加注重本国的"数字硬实力"，但日本软件受到来自美国、中国、印度的压力，发展相对缓慢；美国软件、电信服务和 B2B 电子商务是其数字经济中占比较高的三大子行业。从电子商务市场来看，跨境电子商务的发展助推全球数字贸易格局的形成，美国拥有全球最大的电商巨头，如亚马逊、eBay 和谷歌等，极大地拓宽了其数字贸易的规模。电子商务市场较小的国家的数字贸易规模可能会因此被限制。

表 3-6 主要国家或地区数字贸易发展模式对比

国家或地区	政策发展理念	主要政策提案或法律法规	数字经济规模/万亿美元	数字贸易产业基础与技术设施情况	数字贸易规模/亿美元	数字贸易发展情况
美国	数字贸易自由化	《美国和全球经济中的数字贸易》、《国会两党贸易优先权和责任法案》、《对外贸易壁垒国家贸易评估报告》、《美国国防部5G战略》和《5G技术实施方案》等	15.3	数字经济增速已超整体经济增速；软件、电信服务和B2B电子商务是其数字经济中占比较高的三大子行业	5 330.93	全球数字贸易强国与引领者
欧盟	数字单一市场原则	"欧洲数字议程"、《数字化单一市场战略》、《数字贸易战略》、"数字红利"利用和未来物联网发展战略、《通用数据保护条例》、《数字服务法案》、《数字市场法案》、《数据法案》及欧盟"多国项目"等	6.4	不同成员国数字化程度参差不齐	12 411.9	全球数字贸易的重要地区
英国	以人为核心提升数字贸易核心竞争力	《数字英国》白皮书、《数字经济战略（2015—2018）》、《英国数字战略》和新科技贸易战略等	2.2	紧抓机遇积极推进数字化转型，三次产业数字经济渗透率高	2 867.0	富有英国特色的数字贸易强国（技术融合创意、工业设计等产业）
日本	以技术创新为突破口融入数字时代	"e-Japan"战略 "u-Japan"战略、"i-Japan"战略、《通商白皮书》等	2.6	起步虽早，发展速度相对滞后；现加大投入，有望迎头赶上	1 147.41	以跨境电商见长的数字贸易强国

续表

国家或地区	政策发展理念	主要政策提案或法律法规	数字经济规模/万亿美元	数字贸易产业基础与技术设施情况	数字贸易规模/亿美元	数字贸易发展情况
其他新兴经济体	陆续提高数字经济实力，参与数字贸易战略布局	印度：《2030年印度海事愿景》等；马来西亚：马来西亚数字经济蓝图、"马来西亚数字"计划等；越南：《至2025年国家数字化转型计划及2030年发展方向》等	印度：0.70 马来西亚：0.09 越南：0.05	依托软件发展优势，印度数字经济实力较强，马来西亚、越南的数字化程度有待进一步提高	—	积极参与数字贸易战略布局

注：数字经济规模为2021年数据，数据来自中国信息通信研究院；数字贸易规模为2020年数据，数据来自UNCTAD

第二节　国内数字贸易强国实践

一、国内数字贸易强国实践历程

国内的数字贸易进程起步于加入WTO（2001年）的前后。1998~2001年，中国制造网（https://www.made-in-china.com）、阿里巴巴国际站（https://www.alibaba.com）、深圳一达通（2014年被阿里巴巴全资收购）陆续成立。2003~2004年，伴随第三方支付的陆续成熟，B2B跨境电商平台迎来新的变革。在这个阶段，数字贸易与中国电子商务共同发展，相关政策主要针对数字贸易环境的改善。

2013年，移动互联网陆续普及，跨境电商也从B端发展到C端。与此同时，国内数字经济也得到了高度重视。习近平在十八届中共中央政治局第三十六次集体学习时提出"产业数字化"[①]，党的二十大报告提出加快建设数字中国[②]，党的二十届三中全会提出"健全促进实体经济和数字经济深度

---

① 【第三十六次】习近平：加快推进网络信息技术自主创新 朝着建设网络强国目标不懈努力. http://www.scopsr.gov.cn/zlzx/zzjxx/18zzjxx/201901/t20190102_359108.html[2019-01-02].

② 习近平：高举中国特色社会主义伟大旗帜 为全面建设社会主义现代化国家而团结奋斗——在中国共产党第二十次全国代表大会上的报告. https://www.gov.cn/xinwen/2022-10/25/content_5721685.htm?eqid=dc1fe5c50000c1f400000002645ba468&eqid=cc98b80d000c89c2000000036489935b[2022-10-25].

融合制度"[1]、中央经济工作会议提出"发展数字经济""大力发展数字消费"[2]等。在这个阶段，数字经济得到蓬勃发展，数字贸易有了更丰富的内涵，外贸综合服务数字化水平有所提升。

2020年，新冠疫情加速了国内数字化进程，我国数字经济规模达5.4万亿美元。同时，国家加大力度促进数字贸易的发展。2020年4月，商务部认定中关村软件园等12个园区为首批国家数字服务出口基地，打造数字贸易集聚区。同年11月，国务院办公厅发布《关于推进对外贸易创新发展的实施意见》，提出要"加快贸易数字化发展。大力发展数字贸易，推进国家数字服务出口基地建设，鼓励企业向数字服务和综合服务提供商转型。支持企业不断提升贸易数字化和智能化管理能力。建设贸易数字化公共服务平台，服务企业数字化转型"。2021年12月，国务院发布的《"十四五"数字经济发展规划》提出要加快贸易数字化发展，完善数字贸易促进政策。

2011～2020年，我国数字服务贸易规模基本实现翻番（图3-7），取得了较好的发展与变化。

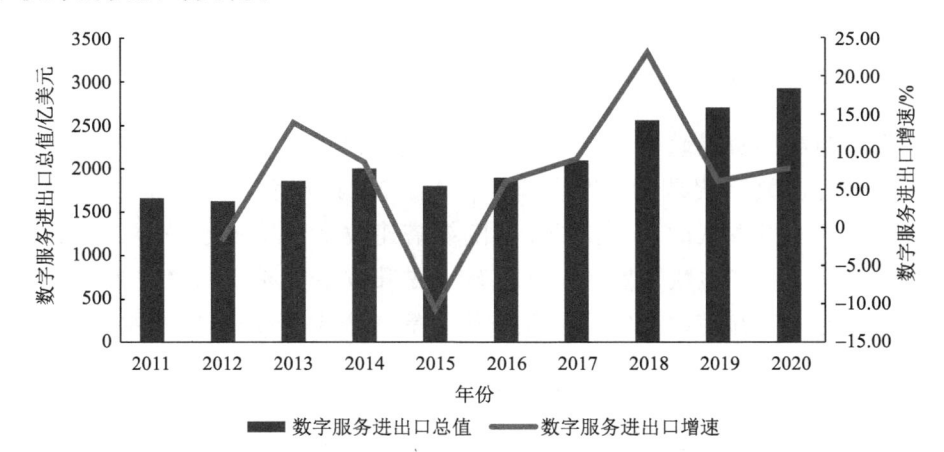

图 3-7　2011～2020年中国数字服务贸易规模及增长趋势
资料来源：UNCTAD

---

[1] 健全促进实体经济和数字经济深度融合制度. http://www.news.cn/politics/20240802/a556c99871ec4e80ad97865927ce153d/c.html[2024-08-02].

[2] 中央经济工作会议在北京举行 习近平发表重要讲话. https://www.gov.cn/yaowen/liebiao/202312/content_6919834.htm[2023-12-12].

二、国内主要地区数字贸易强省实践

我国数字贸易发展势头强劲,细分到 30 个省区市(未包含港澳台和西藏)来看,各省区市的数字贸易存在分化现象,发展不均匀、不平衡。根据冯宗宪和段丁允的《中国数字贸易发展水平、区域差异及分布动态演进》[①],基于 2013~2020 年中国 30 个省区市的数据,构建全面准确的数字贸易发展评价体系(包含 6 个一级指标、11 个二级指标、32 个三级指标),研究发现广东、江苏、浙江、北京和上海的数字贸易发展位于领先水平。此外,党的二十大报告提出,加快推进自由贸易试验区、海南自由贸易港建设,实施自由贸易试验区提升战略,扩大面向全球的高标准自由贸易区网络[②]。海南是新兴的数字贸易发展地。

因此,本节选取北京、上海、广东、江苏、浙江和海南的数字贸易实践为研究对象,分别梳理数字贸易政策与数字贸易发展现状等情况,分析其发展模式。

(一)北京打造首都数字贸易示范区

1. 数字贸易发展模式:政策和产业优势突出

北京的数字贸易政策立足已有成熟的数字产业,2020 年,北京发布《北京市关于打造数字贸易试验区实施方案》,2021 年发布《北京市关于促进数字贸易高质量发展的若干措施》,围绕搭建数字贸易服务平台、探索推动跨境数据流动、夯实数字贸易产业基础、提升数字贸易便利度、加大数字贸易企业支持力度和完善数字贸易保障体系等六个方面提出 20 条措施。

2. 数字贸易发展特点和实施路径

2021 年,北京数字经济增加值达 1.6 万亿元,占地区生产总值的 40.4%。数字贸易总规模快速扩大,贸易进出口总额由 2017 年的 502 亿美元增长至

---

① 冯宗宪,段丁允. 中国数字贸易发展水平、区域差异及分布动态演进. 现代经济探讨,2022,(12):49-63.

② 习近平. 高举中国特色社会主义伟大旗帜 为全面建设社会主义现代化国家而团结奋斗——在中国共产党第二十次全国代表大会上的报告. https://www.gov.cn/xinwen/2022-10/25/content_5721685.htm?eqid=dc1fe5c50000c1f400000002645ba468&eqid=cc98b80d000c89c2000000036489935b[2022-10-25].

2021年的697亿美元，年均增长8.6%，贸易进出口总额占全国比例约五分之一。服务贸易特色发展的网络也在不断完善，国家级服务出口基地达14个，居全国首位。根据《北京数字经济发展报告（2021—2022）——建设全球数字经济标杆城市》，2018年至2021年内，北京市全球数字经济标杆城市指数增长71%，其中数字基础设施指数增速最快，四年增长245%。

凭借较强的科技创新能力、基础经济实力、资源配置能力等优势，北京形成全国数字贸易的增长极，且呈现三大特点。一是数字技术创新成果领先全国。北京知名高校林立，人才资源集中，其科研产出连续三年全球第一，天机芯、新型基因编辑技术、量子直接通信样机等世界级科研成果层出不穷。二是数字贸易相关产业发展引领全国。在数字服务贸易方面，据统计，北京2020年知识密集型服务贸易进出口总额占服务贸易总进出口额的比重达50.9%，在数字企业中北京上市互联网企业和网信独角兽企业分别占全国的33.3%和45.5%。三是打造多个数字产业区带动全国产业升级。北京打造国家级金融科技示范区、数字贸易试验区，"先试带后试"，将先进经验复制到全国其他地区。

（二）上海打造数字贸易国际枢纽港

1. 数字贸易发展模式：国际化程度突出

针对数字贸易，上海出台多则政策，且发布频次高于其他地区。2019年，上海发布《上海市数字贸易发展行动方案（2019—2021年）》。该方案提出，数字贸易是落实国家战略的关键力量，将云服务、数字内容、数字服务、跨境电商作为数字贸易的四大主要领域。2021年，《全面推进上海数字商务高质量发展实施意见》《上海市推进商业数字化转型实施方案（2021—2023年）》发布。2022年，上海进一步发布《2022年全市数字商务工作要点》，提出培育高能级数字贸易主体、推进贸易数字化转型、加快电子商务创新发展等举措。

2. 数字贸易发展特点和实施路径

上海数字贸易额增长迅速（图3-8），从2020年的433.5亿美元提升至2021年的568.8亿美元，同比增长31.2%。2022年上半年，上海数字贸易额为289.9亿美元，同比增长9.7%。数据管理初见成效，中国（上海）自由贸易试验区（简称上海自贸区）已经试点开展数据跨境流动安全评价，上海数据交易所于 2021 年 11 月揭牌，上海数据集团有限公司已于 2022 年 9 月正式成立。数字贸易稳步提升，产生了一批全国领先的数字内容标杆企业；上海遴选的 100 家数字贸易创新企业，共拥有专利授权数 3447 项，授权发明专利数 1019 项，在数字研发、数字设计、云原生与智能计算、数字健康、数字 IP、元宇宙六大赛道领跑。数字贸易发展格局基本确立。

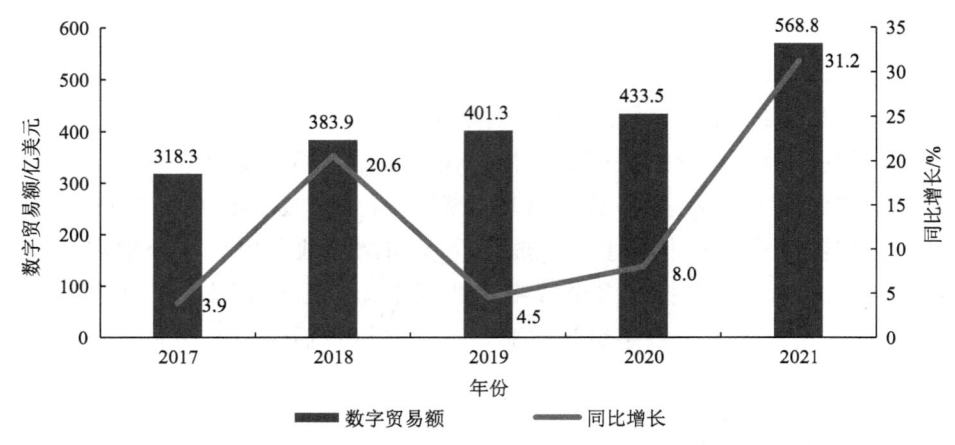

图 3-8　2017～2021 年上海数字贸易规模及增长趋势
资料来源：上海市商务委员会

（三）广东推动粤港澳大湾区建设全球贸易数字化领航区

1. 数字贸易发展模式：以点带面促进全省贸易数字化

近年来，广东陆续发布多则数字贸易相关政策，重点围绕广州、深圳开展，以点带面促进全省贸易数字化。

从省级层面来看，2021 年，《广东省数字经济促进条例》发布，提出建设与国际接轨的高水平服务贸易和数字贸易开放体系。2022 年，广东发布《广东省推动服务贸易高质量发展行动计划（2021—2025 年）》，要求加快传统贸易数字化改造，推动粤港澳大湾区建设全球贸易数字化领航区，并强调搭建全省性贸易数字化公共服务平台，推动贸易磋商、贸易执行和贸易服务等重点贸易环节数字化。《2022 年广东省数字经济工作要点》则提出支持广州市创建国家数字贸易示范区，培育省级数字服务出口基地和数字贸易重点企业，扩大数字经济国际合作。

从市级层面来看，2020年，广州市政府印发《关于加快服务贸易和服务外包发展的实施意见》，提出培育壮大数字贸易，扩大数字服务出口，拓展"数字+服务"新模式新业态。2022年，广州市商务局等八部门联合印发《广州市支持数字贸易创新发展若干措施》，从数字新基建、公共服务平台、数据安全流动等10个方面提出政策措施。深圳则在2022年发布《深圳市数字贸易高质量发展三年行动计划（2022—2024年）》，该计划围绕开展数字贸易新基建、培育数字贸易市场主体、打造数字贸易服务平台、完善数字贸易治理新体系、优化数字贸易营商环境等五个方面展开。

2. 数字贸易发展特点和实施路径

广东有着浓厚的贸易发展基因。根据统计年鉴，从进出口贸易额看，2017年至2021年，广东数字贸易进出口额从438亿美元增长至812亿美元。从增长幅度看，2017年至2021年，广东数字贸易年均增长率为17%，比货物贸易年均增速高出12个百分点。

广东数字贸易实践过程，主要以广州、深圳，联动香港、澳门，再联动大湾区其他城市，形成以点带面的大湾区联动发展模式，具体有四个特点。一是数字技术与产业基础雄厚。深莞惠经济圈是全球重要的智能设备终端生产基地，也是全国高端新兴电子产业龙头，具有支撑数字产业发展的能力。二是数字贸易参与主体丰富且活跃。在广东，数字娱乐等领域已形成规模较大的数字内容产业集群。产生了华为、腾讯等一批数字贸易头部企业。三是数字化转型市场广阔。2020年，广东已启动9大产业集群数字化转型，打通产业链多个环节，实现产业链上下游的协同生产。四是数字支付方式和金融服务的创新。粤港澳大湾区先试先行，建立数字人民币国际示范区，推动湾区内的跨境金融服务和跨境支付的创新，为未来贸易、生活、文化交流等场景和更大的跨境资金流动需求提供更多可能性。

（四）江苏打造数字贸易江苏方案

1. 数字贸易发展模式：多元化的数字贸易发展

2021年，《江苏省"十四五"数字经济发展规划》，提出做大做强跨境数字贸易，实施数字贸易提升计划。2022年9月，《江苏省推进数字贸易加快发展的若干措施》出台，在完善数字贸易多元化产业链条、壮大数字贸易多层次市场主体、打造数字贸易多要素促进平台、拓展数字贸易多渠道国际合作、探索建立数字贸易多领域规则标准、加强数字贸易多维度监管治理等方面提出了17条措施。

2. 数字贸易发展特点和实施路径

2021年，江苏省的数字贸易规模达274.3亿美元，同比增长33.7%，增速高于全国11.4个百分点。江苏的数字贸易规模较广东、浙江等地低很多，但江苏有深厚的数字贸易基础。一是江苏产业基础雄厚，实体经济发达。二是江苏的数字化水平稳步推进提高。2021年底，江苏全省数字经济规模超5.1万亿元，位居全国第二，占全国的11.8%。江苏注重数字基础设施建设，2012~2021年，江苏信息通信行业累计建设投资3705亿元，固定网络跃升至千兆，移动网络完成5G引领的跨越。2021年，网民人数达到6566万人，是2012年的1.66倍。三是江苏通过贸易往来，加强与海外的技术合作。江苏与RCEP成员国有广泛贸易往来，近年来，江苏陆续与RCEP成员国开展数字经济技术合作。以苏州工业园区为例，该园区是中国-新加坡国际合作的典范。

（五）浙江致力构建全球数字贸易中心

1. 数字贸易发展模式：数字贸易保障优势突出

2020年底，浙江出台全国首个省级数字贸易先行示范区建设方案，围绕数字贸易新基建、新业态、新场景、新能级和新体系等及组织保障，提出108条政策制度创新清单。2021年6月，《浙江省商务高质量发展"十四五"规划》提出发展目标，到2025年，浙江数字贸易进出口额要突破1万亿元，贸易结构进一步优化，数字贸易发展成型成势，全球数字贸易中心基本形成。2021年11月，浙江制定出台《中共浙江省委 浙江省人民政府关于大力发展数字贸易的若干意见》，该文件围绕构建数字贸易产业等五大体系提出相应举措任务。

浙江在探索数字贸易规则标准方面也走在前列。2020年发布数字贸易领域的全国首个标准——《数字贸易通用术语》（ZADT 0001—2021）团体标准。

2. 数字贸易发展特点和实施路径

浙江的数字化发展起步较早。2003年，浙江提出建设"数字浙江"；2017年，数字经济成为浙江的"一号工程"。2021年，浙江数字经济增加值占地区生产总值比重位列全国各省（区）第一；2017~2021年，数字经济核心产业增加值年均增速是地区生产总值的两倍。将近20年的探索，浙江在数字贸易发展方面具备了先发优势与扎实的基础。

2021年，浙江全省数字贸易进出口总额达4810亿元，2019年到2021年年均两位数增长。2022年1~9月，浙江全省数字贸易进出口额达4054.7亿元，同比增长14.2%，其中出口额达2450.3亿元，同比增长22.3%，增长速度较快。在跨境电商方面，浙江走在全国前列。杭州拥有全国首个跨境电子商务综合试验区；宁波跨境电商网购保税进口交易单量、交易金额位居全国第一。2022年前三季度，浙江省跨境电商进出口额达2529.5亿元，出口规模占全国的六分之一。在数字贸易政策落地方面，已有初步成效。中国（浙江）自由贸易试验区积累了新成果，打造数字服务出口基地、数字文化国际合作区，成功试点本外币合一的银行结算账户体系。

（六）海南打造海南自由贸易港

1. 数字贸易发展模式：机遇与挑战共存

2020年6月，《海南自由贸易港建设总体方案》发布，海南自由贸易港建设呈现"6+1+4"①的总体规划（图3-9）。自《海南自由贸易港建设总体方案》发布以来，接近80个核心及配套政策密集出台。其中，产业政策、金融政策、运输政策的数量较多（图3-10）。与数字贸易直接相关的政策包括《智慧海南总体方案（2020—2025年）》《海南开放创新合作机制》《中国（三亚）跨境电子商务综合试验区实施方案》等。

2. 数字贸易发展特点和实施路径

海南发展数字贸易有一定基础。一是获得政策机遇。自《海南自由贸易

---

① 根据《海南自由贸易港建设总体方案》，"6"是指贸易自由便利、投资自由便利、跨境资金流动自由便利、人员进出自由便利、运输来往自由便利、数据安全有序流动。"1"是指构建现代产业体系。大力发展旅游业、现代服务业和高新技术产业，增强经济创新力和竞争力。"4"是指加强税收、社会治理、法治建设、风险防控等四个方面的制度建设。

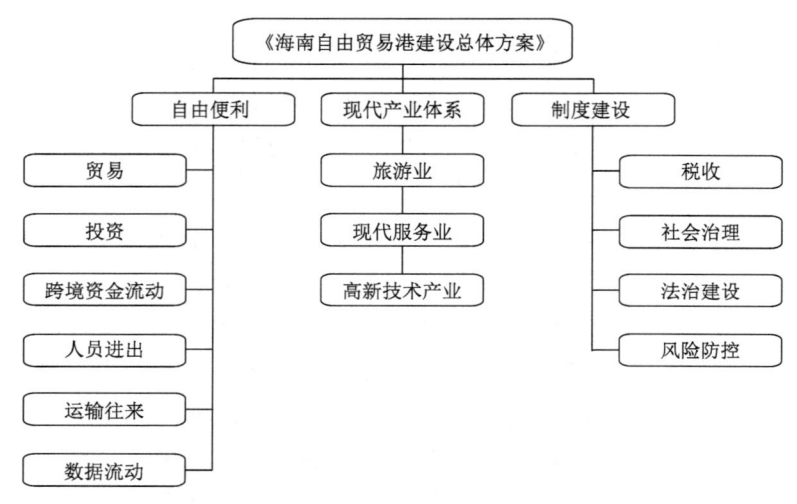

图 3-9 海南自由贸易港政策建设 "6+1+4" 规划布局
资料来源：国务院新闻办公室

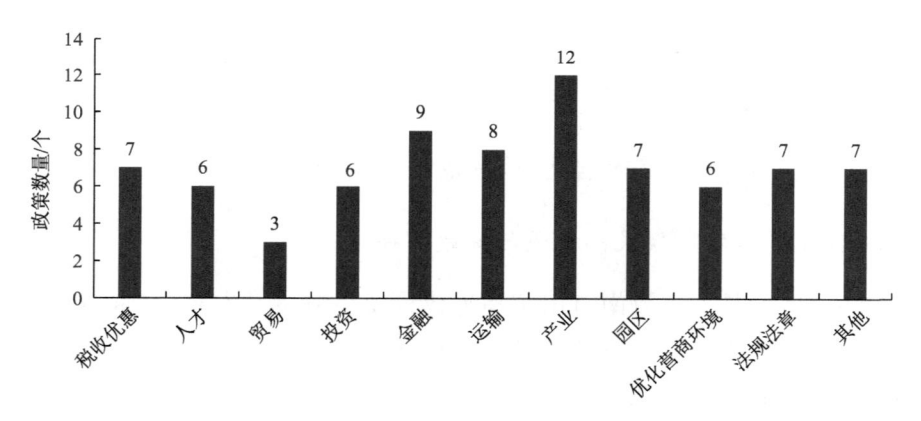

图 3-10 海南自由贸易港政策类别分布
资料来源：海南自由贸易港官方发布

港建设总体方案》发布以来，接近 80 个核心及配套政策密集出台，大力吸引集聚创新资源和平台企业，打造海南自由贸易港。二是拥有开放的跨境贸易市场，跨境交易相对成熟。三是数据市场逐步开放。逐步取消对外资股份比例等的限制。

然而，海南的数字基础仍相对薄弱。一方面，海南自由贸易港的数字基础设施有待搭建。比如，宽带传输较慢，5G 设施布局较滞后。2019 年第二季度《中国宽带速率状况报告》统计数据显示，海南宽带下载速率平均为

31.88 Mbit/s。同期，中国台湾、新加坡的宽带传输速率约为 85 Mbit/s、70 Mbit/s。通过 2020 年 7 月，海南和深圳建成 5G 通信基站进行对比，同一时期，深圳地区 5G 基站建设是海南的 21 倍多。另一方面，与国际自由贸易港相比，海南的高新技术企业数量仍相对不足。

三、数字贸易强省实践小结

整体而言，各省市数字贸易实践可归纳为以下几点。

（1）创建有序的数字贸易体系，陆续出台涉及数字贸易各个方面的规范政策，为我国数字贸易的规范化、标准化发展提供良好的制度环境。

（2）各省市根据自身实际，在党和国家政策的领导下打造具有地方特色的数字贸易试验区或是数字产区，吸引大量的跨境电商企业、高新技术企业和创新项目等进驻，发挥产业集聚的优势。

（3）积极推动数字支付和金融服务的创新发展，为数字贸易提供便利化、安全化的支付和金融条件。

（4）省级政府牵头建立数据交易所的浪潮掀起。据国家工业信息安全发展研究中心发布的《2022 年数据交易平台发展白皮书》的数据，截至 2022 年 8 月，我国已成立 44 家数据交易机构，北京、上海、深圳、苏州、广州等地的数据交易所陆续揭牌，为全国建立数据类交易所提供各地经验，来探索更完善的数据交易制度、规则，促进数据高效流通使用，发挥"大数据"对各生产要素的优化调配，助力实体经济更好地运行。

（5）数字经济渗透至各行各业，数字科技推陈出新，使数字产品供给更加多元与便捷，为数字贸易的发展提供新的增长点。

细分来看，逐渐深化的国内国际双循环发展格局、"一带一路"与"粤港澳大湾区"等实践，为我国各省区市的数字贸易提供了更大的施展舞台，使我国各省区市的数字经济激发出更强劲的生命力。根据 2021 年数字贸易金额（表 3-7），广东、浙江、北京、上海的数字贸易势头相对强劲，2021 年数字贸易金额均在 500 亿美元以上。广东依托大湾区，致力建设全球贸易数字化领航区。浙江凭借跨境电商优势，走在全国前列。北京有丰富资源优势，2021 年数字贸易金额已达到 697 亿美元，接近浙江全省数字贸易额。上海则紧抓机遇，是数字贸易的先行者。

表 3-7　数字贸易强省市发展对比

地区	发展理念	政策	2021年数字贸易金额/亿美元	数字贸易发展特点
广东	推动粤港澳大湾区建设全球贸易数字化领航区	《广东省数字经济促进条例》《广东省推动服务贸易高质量发展行动计划（2021—2025年）》《2022年广东省数字经济工作要点》；深圳、广州各自出台具体数字贸易措施	812	数字技术与产业基础雄厚、数字贸易参与主体丰富且活跃、数字化转型市场广阔、数字支付方式和金融服务的创新
浙江	致力构建全球数字贸易中心	发布全国首个省级数字贸易先行示范区建设方案、《浙江省商务高质量发展"十四五"规划》《中共浙江省委 浙江省人民政府关于大力发展数字贸易的若干意见》	754.4	数字化发展起步较早，在跨境电商方面，浙江走在全国前列
江苏	打造数字贸易江苏方案	《江苏省"十四五"数字经济发展规划》《江苏省推进数字贸易加快发展的若干措施》	274.3	实体经济发达，具备产业基础；数字化水平稳步推进提高；通过贸易往来，加强与海外的技术合作
上海	打造数字贸易国际枢纽港	《上海市数字贸易发展行动方案（2019—2021年）》《全面推进上海数字商务高质量发展实施意见》《上海市推进商业数字化转型实施方案（2021—2023年）》《2022年全市数字商务工作要点》	568.8	数据管理初见成效，数字贸易主体能级稳步提升，数字贸易发展格局基本确立
北京	打造首都数字贸易示范区	《北京市关于打造数字贸易试验区实施方案》《北京市关于促进数字贸易高质量发展的若干措施》	697	数字技术创新成果领先全国，数字贸易相关产业发展引领全国，打造多个数字产业区带动全国产业升级
海南	打造海南自由贸易港	《海南自由贸易港建设总体方案》出台后，接近80个核心及配套政策密集发布，包括《智慧海南总体方案（2020—2025年）》《海南开放创新合作机制》《中国（三亚）跨境电子商务综合试验区实施方案》等	—	发展数字贸易有一定基础：获得政策机遇；拥有开放的跨境贸易市场，跨境交易相对成熟；数据市场逐步开放。但数字基础仍相对薄弱：海南自由贸易港的数字基础设施有待搭建；与国际自由贸易港相比，海南的高新技术企业数量仍相对不足

注：浙江2021年数字贸易金额为4810亿元，按国家外汇管理局发布的《各种货币对美元折算率（2021年12月31日）》进行换算

相较而言，江苏、海南的数字贸易发展有较大发展空间。江苏的数字经济发展领先，有雄厚的实体产业基础。海南则拥有较大的政策利好，数字贸易发展未来可期。

第四章　数字贸易强国评价分析[*]

2022年，我国进出口总额首次突破40万亿元人民币关口，货物与服务贸易总额居全球第一，已成为140多个国家和地区的主要贸易伙伴，是100多个国家的最大贸易伙伴[①]，"贸易大国"的地位基本稳固。然而与美国、欧盟等发达经济体相比，贸易竞争力与贸易地位仍然有较大差距，亟待向"贸易强国"转变。党的二十大报告提出，"推动货物贸易优化升级，创新服务贸易发展机制，发展数字贸易，加快建设贸易强国"[②]，为我国在更高开放水平上打造全球贸易创新发展高地、实现贸易高质量发展锚定了发展方向与思路。

随着以人工智能、互联网、大数据等为代表的新一代信息技术的发展与数字经济的崛起，现代商贸流通体系减少了产品贸易的中间环节，实现了贸易流程、技术、业态与效率上的颠覆性创新，重塑了以数字贸易为核心的贸易形态。可以预见，数字贸易将成为当下时代发展的主要贸易形式，也是衡量一国贸易竞争力的重要组成部分。因此，基于传统贸易的贸易强国理论及研究或不再具有实践基础，也未能体现战略部署的前瞻性。本章依托数字贸易发展的内在规律，通过搜集和整理全球主要国家或地区与数字贸易相关的翔实的统计数据，建构科学的数字贸易强国评价体系，发布全球数字贸易强国排名，客观衡量中国数字贸易竞争力状况，揭示中国数字贸易发展存在的问题及其原因，最终提出中国加快推进数字贸易强国建设的优化方向。

---

[*] 本章作者：刘乾，广东外语外贸大学国际服务经济研究院副教授；谢媛，广东外语外贸大学经济贸易学院硕士研究生。

[①] 扎实推进高水平对外开放. https://theory.gmw.cn/2023-04/23/content_36515176.htm[2023-04-23].

[②] 习近平：高举中国特色社会主义伟大旗帜　为全面建设社会主义现代化国家而团结奋斗——在中国共产党第二十次全国代表大会上的报告. https://www.gov.cn/xinwen/2022-10/25/content_5721685.htm?eqid=dc1fe5c50000c1f400000002645ba468&eqid=cc98b80d000c89c2000000036489935b[2022-10-25].

第一节 数字贸易强国评价体系

一、构建原则

为科学、全面、准确地评价全球各国数字贸易发展情况,构建数字贸易强国指标体系应遵循以下原则。

（一）科学性原则

数字贸易强国指标体系应符合数字经济与贸易的基本理论,深刻理解和把握数字贸易发展本质,科学反映一国数字贸易的实际情况,概念准确、含义清楚、计算范围明确、计算方法科学、操作方便,系统科学地反映各国数字贸易的全貌,指标权重的确定、计算与合成以定量分析方法为依据。通过多指标的筛选与合成,以较少的综合性指标,客观、准确地反映各国数字贸易的发展现状和质量,从而达到科学、准确测算一国数字贸易竞争力的目的。

（二）综合性原则

考虑到数字贸易所包含的行业众多、门类庞杂,而其中各个行业之间的差异又很大,影响因素众多。在评估一国数字贸易竞争力时,应考虑到影响数字贸易发展的各种要素,务必全面地对数字贸易的发展情况进行梳理,从各个方面反映各国数字贸易的发展状况,包括数字贸易的发展基础、发展能力、发展水平和发展环境等各因素表现,以期从全面角度和战略高度把握一国数字贸易的整体现状和未来潜力。需要注意的是,为了避免指标内容的重复叠加,所选取的评价指标应尽可能地相互独立,同时指标体系的构建过程要遵循综合性原则,要尽量用较少的指标完成评价任务,据此测算出来的数字贸易强国得分才足够准确。

（三）可操作性原则

设计的指标应易于取得,便于操作,尽可能删除相互重复的指标,简化统计指标体系。主要原因是指标越多,收集数据时所花费的人力、财力就会越大，给数据处理带来困难。由于本指标体系的数据主要为统计数据，还应确保数据的统计口径一致，以便进行横向及纵向的对照比较。

数字贸易强国评价体系的构建过程要充分考虑指标的可操作性及指标的可量化性，并兼顾数据的时效性、可获得性及可靠性。选取指标时要注意指标数据搜集的可行性，在能保证评价结果充分体现客观发展事实的前提下，需要按照简明、重要、具有代表性的原则选取容易操作的评价指标。总体来说，评价指标的选择要考虑到指标体系的全面性、系统性，但也不能忽略了指标的实际可操作性，否则可能会导致各国数字贸易评测结果的失真。此外，整体操作要规范化，使各类指标的计算口径统一化，便于比较、分析，方能为后续的分析提供借鉴和参考。

（四）层次性原则

由于评价体系集中涉及的指标数量众多，在对评价指标进行统计处理时，一定要对评价指标进行清晰的层次划分，评价模型的设计也要合乎逻辑，只有这样才能够通过众多的评价指标对各国数字贸易竞争力进行系统的测算。指标体系的设计应能够反映各层指标间的决定关系，所涉及的指标都要明确自身内涵并按照层次递进的关系组成层次分明、结构合理、相互关联的整体。

二、指标体系

评价指标的选择和可量化是建立评价体系的基础，也是决定评价体系优劣的关键。相较于国际市场占有率、贸易竞争力指数（trade competitive index）、显示性比较优势指数（revealed comparative advantage index）、显示性竞争优势指数等传统衡量国际竞争力的单项指标，数字贸易强国的评价应是一个多指标的综合评价，既能从多个角度选取不同的指标以反映各国数字贸易的不同侧面，也能通过构建综合指数以全面反映各国数字贸易的整体状况。

评价指标关系到结果质量，科学合理地选取评价指标将会有效指导数字贸易强国的建设，从而促进数字经济与贸易的发展。深刻把握国内外数字贸易的发展现状与趋势，深度融合数字经济发展、全球贸易发展和贸易强国等相关理论，结合前面章节关于对数字贸易强国基本理论、现实基础与建设实践等内容的理解与剖析，本章将从各国数字贸易强国发展基础、数字贸易强国发展能力、数字贸易强国发展水平和数字贸易强国发展环境四个维度选取统计资料，以此来对各个国家的数字贸易状况进行综合评估。为科学合理地确立数字贸易强国指标体系，经深入探讨，最终确定的具体指标如表 4-1 所示。

表 4-1 数字贸易强国指标评价体系

一级指标	二级指标	三级指标
数字贸易强国发展基础	贸易基础	出口总额
		全球化指数
	产业基础	制造业增加值
		中、高技术产业（含建筑业）（制造业增加值/%）
		数字产业生态指数
	技术基础	安全互联网服务器
		移动网络普及率
		固定宽带普及率
数字贸易强国发展能力	数字创新能力	企业是否使用大数据支持决策
		与 ICT 相关的专利申请数量
		数字驱动创新指数
		数字科研指数
		最新技术可用度
	全球贸易地位	IMF 投票权
		价值链长度
数字贸易强国发展水平	数字贸易规模	信息通信技术服务出口，BOP（美元现价）
		数字交付服务贸易
		数字国际贸易竞争力
	数字贸易结构	ICT 产品进口占比
		ICT 产品出口占比
		知识产权使用费进口占比
		知识产权使用费出口占比

续表

一级指标	二级指标	三级指标
数字贸易强国发展环境	市场环境	数字消费者指数
		商业环境指数
	营商环境	营商便利指数
		全球网络安全指数
		法律权利力度指数
	公共治理	数字治理竞争力指数
		政府效率
		政府在线服务指数

注：ICT 表示 information and communication technology，信息与通信技术

（一）数字贸易强国发展基础

与传统贸易相比，尽管数字贸易在贸易动因、贸易主体、贸易模式、交易与服务方式等方面展现出新的特征，但传统贸易体量仍是一国数字贸易发展的重要基石，直接影响着数字贸易总体水平。产业结构特别是制造业一直是推动全球贸易的关键引擎，无论是产业间贸易还是产业内贸易，高度发达的产业是维持一国贸易比较优势的源泉，是决定一国在经济全球化进程中国际分工地位的重要因素。此外，数字贸易作为一种新贸易形态，以数字技术赋能、以数据流动为牵引、以现代信息网络为载体，离不开丰富的应用场景与夯实的数字基础设施。因此，本章通过贸易基础、产业基础、技术基础三个二级指标来测度数字贸易强国发展基础。

（二）数字贸易强国发展能力

发展能力反映了各国数字贸易的发展潜力与动能，在较大程度上对各国的数字贸易发展规模构成影响。随着各国对数字贸易的关注度不断提升，全球主要国家利用本身的数字技术领先优势及其在全球贸易中的领先地位，已将数字贸易纳入本国的发展战略中，积极参与全球数字贸易经济贸易规则制定，纷纷主动参与全球数字贸易治理体系建设，引领全球数字贸易发展。在新科技革命、数字经济快速发展背景下，多种重大颠覆性技术不断涌现，美

国、欧盟、日本、俄罗斯等国家与地区都制定了科技创新和新兴产业发展战略，加大了以人工智能、大数据、物联网等技术为代表的新兴技术投资研发，对世界产业结构与贸易结构产生重要影响。因此，本章通过数字创新能力和全球贸易地位两个二级指标来测度数字贸易强国发展能力。

（三）数字贸易强国发展水平

发展水平需切实反映各国数字贸易的发展现状，是各国数字贸易相对而言的发展程度，是一国数字贸易国际竞争力的直接体现。数字贸易强国发展水平应关注数字贸易标的的规模与结构，因此本章通过数字贸易规模与数字贸易结构两个二级指标来测度数字贸易强国发展水平。鉴于数据的可得性以及计算口径的统一性，本章主要选择ICT、数字交付服务贸易、知识产权使用费等重点数字贸易领域的发展情况来体现一国整体数字贸易的发展。

（四）数字贸易强国发展环境

发展环境反映了与数字贸易发展密切相关的消费市场、商业、网络安全、法治、营商、公共服务与治理等环境情况，良好的发展环境能促进各国数字贸易发展所需要的各种要素资源的集聚。商业环境的变化会通过影响市场竞争秩序进而作用于企业产品的竞争力，而足够规模的消费人群也可推动企业不断优化数字产品和服务。市场化、法治化、国际化的一流营商环境建设能有效改善外贸产品的便利化水平，提高贸易效率和降低贸易成本，是提升外贸企业获得感的主要途径。政府公共服务和治理效率的优化，能够通过合理的管理、监督和预警来预防、缓解贸易争端，促进贸易数据的整合，降低进出口信用风险，进而影响国际贸易合作的深度和广度。因此，本章通过市场环境、营商环境、公共治理三个二级指标来测度数字贸易强国发展环境。

第二节　数字贸易强国评价方法

一、计算方法

本章对数字贸易强国评价指标体系进行测算。第一步，进行数据收集、审核和确认；第二步，对极少部分缺失的数据采用相似国家的数据或相近年份的数据进行补全，得到所有三级指标数值；第三步，采用主成分分析法构建数字贸易强国综合评价指数。

主成分分析法能够将多指标拟合为单一指标，是常用的数学统计方法和指标合成方法之一。该方法所形成的主成分指标消除了原始数据之间的相关影响，反映了原始数据的大部分信息量，所确定的指标完全客观且遵从数据的数学和统计性质，克服了专家打分法等主观评价方法人为确定权重的缺陷。

（一）主成分分析法

本章利用 Stata 15.0 对二级指标、三级指标进行主成分分析，具体过程如下。

（1）将各指标值进行 Z-score 标准化处理，计算主成分的特征值与贡献率，选择累计贡献率大于 85% 的若干个因子作为评价指标的主成分。

（2）计算主成分荷载，得到主成分荷载矩阵 a_{ij}，计算各个国家的主成分值，即 $Y_i = \sum_{j=1}^{m} A_{ij} a_{ij}$，其中，$j$ 表示所选择的相应指标，i 表示第几主成分。

（3）计算各个国家合成指标的综合分值，$S_i = \sum_{i=1}^{n} Y_i W_i$，其中，$W_i$ 表示第 i 主成分的权重系数。

（二）指标计算过程

（1）将所有数据进行标准化处理，而后根据三级指标数据，利用主成分分析法合成二级指标。

（2）根据合成得到的二级指标数据，利用主成分分析法合成一级指标。

（3）根据合成得到的一级指标数据，通过主成分分析法最终合成数字贸易强国的综合分值。

为便于直观比较，本章对最后的数字贸易强国综合评价指数进行标准化等处理，令研究范围内所有国家的数字贸易强国指标得分范围在 1~100 分。

二、数据说明

本章选取了全球经济实力较为靠前的 40 个国家作为研究对象，以此分析与评价世界主要国家当下数字贸易的实际发展状况,所需指标的数据主要来源于世界银行、IMF、国际电信联盟等官方网站,具体来源如表 4-2 所示。

表 4-2 数字贸易强国指标数据来源

三级指标	数据来源
出口总额	世界银行
全球化指数	《国际统计年鉴》
制造业增加值	世界银行
中、高技术产业(含建筑业)(制造业增加值/%)	世界银行
数字产业生态指数	《全球数字经济发展指数报告》
安全互联网服务器	世界银行
移动网络普及率	国际电信联盟
固定宽带普及率	世界银行
企业是否使用大数据支持决策	瑞士洛桑国际管理发展学院
与 ICT 相关的专利申请数量	世界知识产权组织
数字驱动创新指数	《国家数字竞争力指数研究报告》
数字科研指数	《全球数字经济发展指数报告》
最新技术可用度	《全球信息技术报告》
IMF 投票权	IMF
价值链长度	对外经济贸易大学全球价值链研究院
信息通信技术服务出口,BOP(美元现价)	世界银行
数字交付服务贸易	中国信息通信研究院
数字国际贸易竞争力	《国家数字竞争力指数研究报告》
ICT 产品进口占比	世界银行
ICT 产品出口占比	世界银行
知识产权使用费进口占比	IMF
知识产权使用费出口占比	IMF
数字消费者指数	《全球数字经济发展指数报告》
商业环境指数	世界银行
营商便利指数	世界银行

续表

三级指标	数据来源
全球网络安全指数	国际电信联盟
法律权利力度指数	世界银行
数字治理竞争力指数	《全球数字经济竞争力发展报告》
政府效率	瑞士洛桑国际管理发展学院
政府在线服务指数	《联合国电子政务调查报告》

需要说明的是：①根据数据的可得性和时效性，本章主要适用 2020 年各国公布的统计数据；②针对小部分数据缺失的情况，则利用相邻年份的数据进行近似，如数字驱动创新指数采用 2018 年的数据，营商便利指数采用 2019 年的数据；部分国家的一些数据缺失则利用相似经济水平国家的数据进行近似，如沙特阿拉伯、巴基斯坦和捷克的数字消费者指数参照越南和智利的水平。经过上述数据搜集与处理，本章最终得到 2020 年全球范围中的 40 个国家的 30 个数字贸易强国三级指标的相关数据。

第三节 数字贸易强国评价报告

一、全球数字贸易强国 2020 年度排名

根据数字贸易强国评价方法，表 4-3 呈现了全球数字贸易强国综合指数得分排名情况，排名前列的国家主要集中在北美洲、欧洲和东亚地区，这些国家在数字基础设施、技术创新、跨境电商和数字服务出口等方面表现突出。数字化程度高的国家在国际贸易中展现出明显优势。

表 4-3 数字贸易强国综合指数得分排名

国别	综合指数		发展基础		发展能力		发展水平		发展环境	
美国	100.00	1	100.00	1	100.00	1	98.55	2	100.00	1
中国	87.63	2	95.33	2	80.56	3	87.92	3	85.34	14
英国	81.61	3	80.19	4	73.47	5	83.34	6	94.39	3

第四章　数字贸易强国评价分析

续表

国别	综合指数		发展基础		发展能力		发展水平		发展环境	
德国	80.48	4	83.67	3	75.48	4	80.11	9	85.18	15
爱尔兰	79.97	5	76.81	7	65.57	24	100.00	1	77.13	28
日本	78.94	6	72.78	16	80.65	2	80.91	8	86.15	10
荷兰	78.76	7	77.91	5	68.43	9	87.54	4	83.81	21
新加坡	78.75	8	77.44	6	67.05	17	81.57	7	95.25	2
韩国	78.09	9	76.68	8	72.19	7	77.21	12	92.56	6
瑞典	76.16	10	75.82	12	67.75	13	76.70	13	90.68	8
加拿大	76.10	11	75.99	11	68.37	10	75.61	14	90.89	7
法国	74.96	12	73.95	14	72.70	6	74.37	16	84.19	19
瑞士	74.96	13	76.51	9	67.22	16	77.56	11	82.79	23
印度	74.81	14	70.02	23	66.13	21	85.32	5	82.18	24
丹麦	73.86	15	76.15	10	65.30	26	68.39	23	93.94	5
澳大利亚	73.62	16	72.00	18	69.82	8	67.77	27	93.99	4
以色列	73.17	17	72.17	17	66.75	18	79.58	10	77.99	27
挪威	72.96	18	75.03	13	67.23	15	68.54	22	88.19	9
比利时	72.09	19	73.62	15	66.40	19	70.76	20	83.72	22
奥地利	71.71	20	71.37	20	66.22	20	70.80	19	85.47	13
马来西亚	70.65	21	69.17	28	65.09	27	71.18	17	84.43	18
西班牙	70.13	22	68.83	31	67.39	14	66.88	31	85.54	12
俄罗斯	69.97	23	69.22	27	65.80	22	67.87	26	84.76	17
意大利	69.64	24	70.92	22	67.80	11	67.19	29	78.65	26
波兰	69.43	25	71.25	21	62.22	35	67.52	28	84.13	20
墨西哥	68.82	26	69.11	29	63.28	31	65.51	32	85.87	11
捷克	68.66	27	71.63	19	63.56	29	69.58	21	74.65	33
泰国	68.54	28	69.31	25	62.24	34	68.22	24	81.51	25
越南	67.85	29	69.29	26	60.62	38	71.05	18	75.92	29
土耳其	67.58	30	68.65	32	65.48	25	60.31	39	84.97	16
菲律宾	67.41	31	67.69	35	63.09	32	75.15	15	66.71	38

续表

国别	综合指数		发展基础		发展能力		发展水平		发展环境	
巴西	67.36	32	64.50	39	67.77	12	68.16	25	75.55	30
印度尼西亚	66.28	33	68.87	30	62.12	36	65.50	33	74.68	32
葡萄牙	65.41	34	67.90	34	64.55	28	61.22	38	74.78	31
阿根廷	65.26	35	68.13	33	62.46	33	66.89	30	68.04	37
南非	65.16	36	66.14	36	63.49	30	63.37	36	74.48	34
沙特阿拉伯	65.05	37	69.38	24	65.75	23	60.00	40	70.79	36
智利	64.57	38	65.75	37	62.11	37	64.97	34	71.52	35
孟加拉国	61.13	39	65.51	38	60.11	39	62.45	37	60.53	39
巴基斯坦	60.00	40	60.00	40	60.00	40	64.81	35	60.00	40

二、全球数字贸易强国的发展格局

（一）总体发展格局

2020 年数字贸易强国综合指数排名前十的国家依次是：美国、中国、英国、德国、爱尔兰、日本、荷兰、新加坡、韩国、瑞典，这些国家集中于亚洲东部或欧洲西部，其中 4 个国家属于亚洲地区，5 个国家属于欧洲地区，1 个国家属于北美洲地区，大洋洲、南美洲和非洲地区未有任一国家进入十强之列。美国作为全球金融、文化、科技的中心，率先发展人工智能、数字商务，占据了大数据时代发展的领军地位，毋庸置疑成为数字贸易强国的领头羊。中国作为前十名中唯一上榜的发展中国家，凭借数字经济发展先进成果和国际贸易市场竞争力来助推数字贸易的发展，超越除美国外的发达国家，位居数字贸易强国综合指数排行榜第二名。日本和德国两个全球顶尖工业的标杆国家以及英国、德国、爱尔兰和荷兰这些老牌欧洲发达国家进入排行榜之列。亚欧国家在前十名中占据多数，展现出全球领先的数字贸易整体水平。

从区域分布看，在数字贸易强国综合指数前 20 强国家中，亚洲地区有 6 个，占比 30%，欧洲地区有 11 个，占比 55%，北美洲和大洋洲分别有 2

个和 1 个。欧洲国家近年来对数字贸易发展给予高度重视，争先恐后推动数字化进程，在开放式数据发布改善方面做出了重大努力与尝试，开放式数据成熟度不断提升，推动整体数字贸易水平位居世界前列。当然这一结果也与国家经济发展水平密切相关，有着很多发达经济体的欧洲在所有样本国家中占了将近半数的比例。相较之下，从表 4-4 可以看出，同样在样本国家占比较大的亚洲地区的前二十强的比例则远远不及欧洲地区，亚洲各国数字贸易的发展状态断层明显。尽管中国、韩国和日本均进入前十之列，但反观全球数字贸易强国综合指数前 20 强榜单，亚洲国家数目只是欧洲国家的一半左右，且绝大多数亚洲国家排在 20 强靠后位置。亚洲地区在数字贸易强国发展水平这一项数量占比与欧洲旗鼓相当，在一定程度上说明了亚洲地区现阶段的数字贸易发展水平持续向好。由于自身政治环境动荡、资源匮乏、经济低迷等原因，南美洲国家和非洲国家整体数字化发展滞后于世界平均水平，几乎难以跻身数字贸易强国前 20 强。

表 4-4　数字贸易强国综合指数前 20 强分布格局

区域	国家总数	综合指数	发展基础	发展能力	发展水平	发展环境
亚洲	15	6	5	5	9	6
欧洲	17	11	12	11	9	10
非洲	1	0	0	0	0	0
北美洲	3	2	2	2	2	3
南美洲	3	0	0	1	0	0
大洋洲	1	1	1	1	0	1
发达国家	22	18	19	18	15	14
发展中国家	18	2	1	2	5	6

从国家类型看，本章样本国家中共选取了 22 个发达国家，分别是美国、韩国、日本、新加坡、英国、德国、荷兰、法国、瑞典、澳大利亚、丹麦、加拿大、瑞士、奥地利、西班牙、挪威、爱尔兰、以色列、意大利、比利时、葡萄牙和捷克，其余 18 个经济体为发展中国家。在数字贸易强国综合指数前 20 强国家中，发达国家有 18 个，占比高达 90.0%，远远高于发展中国家，加之样本国家中的发达国家和发展中国家比例几乎持平，进一步说明了发达

国家是当前全球数字贸易的领跑者,是国际贸易数字化变革的领头羊。

(二)发展基础格局

2020 年,数字贸易强国发展基础指数排名前十的国家依次是:美国、中国、德国、英国、荷兰、新加坡、爱尔兰、韩国、瑞士、丹麦,其中 3 个国家属于亚洲地区,6 个国家属于欧洲地区,1 个国家属于北美洲地区。前十国家的数字贸易强国发展基础指数得分均高于平均水平,依据表 4-5 可以明显看出,中国与美国的数字贸易强国发展基础遥遥领先于其他国家。从分项二级指标看,中国和美国的产业基础和贸易基础远超于其他国家,而在技术基础方面美国"一马当先"。在发展中国家,除了中国在各方面冒尖以外,还可以看到波兰、印度、俄罗斯和墨西哥等发展中国家的贸易基础也位于世界前列;阿根廷的产业基础逐渐能同中国一样开始跟上发达国家的步伐;波兰、沙特阿拉伯和印度尼西亚的技术基础也正在不断夯实,具备较大的发展潜力,这些国家的数字贸易强国发展基础或能超越其他发达国家从而进入前 20 强行列。数字贸易发展基础的分析结果也从侧面说明居于前十的这些国家在数字科技开发方向的发展决定了时代变革下一步前进的方向,大数据技术与各类产业相结合、转化、升级等正在如火如荼地进行,这些国家综合实力强,数字贸易潜力强劲,在贸易、产业和技术方面整体表现突出,为数字贸易发展提供了强大助力。

表 4-5 数字贸易强国发展基础指数得分排名

国别	发展基础		贸易基础		产业基础		技术基础	
美国	100.00	1	93.29	2	100.00	1	100.00	1
中国	95.33	2	100.00	1	98.38	2	80.95	4
德国	83.67	3	87.44	3	80.10	10	76.38	15
英国	80.19	4	74.78	4	90.88	3	77.93	11
荷兰	77.91	5	73.90	6	79.53	12	78.94	10
新加坡	77.44	6	71.94	8	80.58	9	79.67	8
爱尔兰	76.81	7	71.18	9	83.55	6	77.55	12
韩国	76.68	8	71.12	10	79.93	11	79.09	9
瑞士	76.51	9	70.45	12	84.24	5	77.36	13

续表

国别	发展基础		贸易基础		产业基础		技术基础	
丹麦	76.15	10	66.25	23	87.06	4	80.21	7
加拿大	75.99	11	69.97	13	73.71	19	81.86	2
瑞典	75.82	12	67.10	20	82.07	8	80.84	5
挪威	75.03	13	64.86	28	82.94	7	81.17	3
法国	73.95	14	74.26	5	70.64	23	73.03	26
比利时	73.62	15	69.68	14	75.92	14	75.23	20
日本	72.78	16	73.77	7	76.86	13	67.66	38
以色列	72.17	17	63.92	33	72.41	20	80.42	6
澳大利亚	72.00	18	67.07	21	74.05	18	75.34	19
捷克	71.63	19	65.60	25	74.40	16	76.05	17
奥地利	71.37	20	66.71	22	75.64	15	73.42	24
波兰	71.25	21	67.38	18	65.83	34	77.15	14
意大利	70.92	22	70.87	11	68.39	27	70.78	34
印度	70.02	23	67.65	17	66.65	31	73.35	25
沙特阿拉伯	69.38	24	63.93	32	66.54	32	76.37	16
泰国	69.31	25	65.51	26	69.34	24	72.88	28
越南	69.29	26	65.23	27	66.91	30	74.38	21
俄罗斯	69.22	27	67.20	19	62.27	37	74.07	22
马来西亚	69.17	28	65.74	24	68.38	28	72.72	31
墨西哥	69.11	29	67.93	16	72.16	21	68.01	37
印度尼西亚	68.87	30	63.38	34	66.12	33	75.97	18
西班牙	68.83	31	68.62	15	64.51	35	70.25	35
土耳其	68.65	32	64.53	29	68.41	26	72.90	27
阿根廷	68.13	33	62.62	37	74.40	17	71.00	33
葡萄牙	67.90	34	64.35	31	67.23	29	71.83	32
菲律宾	67.69	35	62.37	38	69.23	25	72.75	30
南非	66.14	36	62.96	36	60.00	40	72.75	29
智利	65.75	37	63.34	35	62.53	36	70.06	36

续表

国别	发展基础		贸易基础		产业基础		技术基础	
孟加拉国	65.51	38	60.00	40	61.98	38	73.80	23
巴西	64.50	39	64.39	30	70.90	22	61.52	39
巴基斯坦	60.00	40	60.24	39	61.59	39	60.00	40

从区域分布看，在数字贸易强国发展基础前20强国家中，欧洲地区国家的数目远高于亚洲地区国家的数目，欧洲国家有12个，占比60.0%，亚洲地区国家有5个，占比25.0%，北美洲地区国家有2个，占比10%，大洋洲地区国家有1个，占比5%，非洲地区和南美洲地区的国家则未进入前20强榜单。欧盟委员会公布了《人工智能白皮书》和《欧洲数据战略》，这两份报告都是关于数字相关工业发展的最新计划，提出了将价值观、个人权利和市场价值有机结合的欧洲"数据理念"，旨在建立一个欧洲的数据空间，促进政府、企业、科研机构、消费者等有效地使用数据，并在人工智能方面强调伦理和价值观，提出加强工业、技术和创新的能力。欧盟也对过去被认为是禁忌的技术打开了大门，如废除对脸部识别技术的全面禁止，同时也允许国内的机构、公司，充分利用欧洲的数据创造价值，发展人工智能，以此来保持其工业地位、经济竞争力以及技术和数据的所有权。这一系列的行动，不断加强欧洲数字贸易发展的技术基础，推动了欧洲数字贸易强国发展基础整体水平的优化。

根据表4-6，从国家类型看，在数字贸易强国发展基础指数排名前20强国家中，发达国家有19个，占比高达95.0%，所占比例远高于发展中国家，仅有中国唯一的发展中国家进入前20强之列，即发展中国家的数字贸易发展基础大幅度落后于发达国家，分项的3个二级指标的情况也是如此，特别是产业基础相对薄弱。

表4-6 数字贸易强国发展基础前20强分布格局

区域	国家总数	发展基础	贸易基础	产业基础	技术基础
亚洲	15	5	5	5	6
欧洲	17	12	12	11	11
非洲	1	0	0	0	0

续表

区域	国家总数	发展基础	贸易基础	产业基础	技术基础
北美洲	3	2	3	2	2
南美洲	3	0	0	1	0
大洋洲	1	1	0	1	1
发达国家	22	19	15	18	16
发展中国家	18	1	5	2	4

（三）发展能力格局

2020年，数字贸易强国发展能力指数排名前十的国家依次是：美国、日本、中国、德国、英国、法国、韩国、澳大利亚、荷兰、加拿大，其中3个国家属于亚洲地区，4个国家属于欧洲地区，2个国家属于北美洲地区，1个国家属于大洋洲地区（表4-7）。从数字创新的角度出发，美国和日本的数字创新能力具备全球竞争力。美国拥有众多全球领先的科技公司，如谷歌、苹果、亚马逊等，并且在科技研发、创新投资和创业生态系统方面具有先进的基础设施和资源。日本同样是一个科技创新领域的强国，拥有世界上许多知名的科技公司，如丰田、索尼、松下等，同时在制造业、电子技术和机器人技术等领域也处于领先地位。这两个国家在数字技术、人工智能、大数据等领域的研发和创新方面都取得了重要成就。在国际贸易蓬勃发展的当下，中国通过支付宝等电子支付工具推动人民币国际化，通过一种创新的外贸支付方式，在国际市场上占有较大的市场份额，并在结算方式上占据一定的话语权，推动了多种支付手段和国际接轨的新尝试，在一定程度上通过人民币国际化来助力中国全球价值链地位的持续攀升。随着第四次工业革命和新一代信息技术革命的到来，5G技术已成为全球大国之间经济博弈的"制高点"，中国在5G国际市场的竞争中的相对领导地位，或会引致世界产业链的重新定位和价值链的变革。

表4-7 数字贸易强国发展能力指数得分排名

国别	发展能力		数字创新能力		全球贸易地位	
美国	100.00	1	100.00	1	100.00	1
日本	80.65	2	87.42	2	77.30	3

续表

国别	发展能力		数字创新能力		全球贸易地位	
中国	80.56	3	86.81	3	77.49	2
德国	75.48	4	82.74	5	71.94	4
英国	73.47	5	81.68	6	69.45	5
法国	72.70	6	79.88	7	69.24	6
韩国	72.19	7	84.10	4	66.21	11
澳大利亚	69.82	8	77.94	10	65.90	12
荷兰	68.43	9	76.99	14	64.30	15
加拿大	68.37	10	77.84	11	63.75	18
意大利	67.80	11	69.02	26	67.60	8
巴西	67.77	12	71.09	23	66.44	10
瑞典	67.75	13	79.68	8	61.83	23
西班牙	67.39	14	73.00	20	64.84	14
挪威	67.23	15	77.56	13	62.16	22
瑞士	67.22	16	76.19	16	62.88	19
新加坡	67.05	17	79.29	9	60.98	33
以色列	66.75	18	77.83	12	61.29	30
比利时	66.40	19	76.02	17	61.72	26
奥地利	66.22	20	76.71	15	61.09	32
印度	66.13	21	66.19	30	66.56	9
俄罗斯	65.80	22	63.18	35	67.67	7
沙特阿拉伯	65.75	23	67.77	28	65.15	13
爱尔兰	65.57	24	75.67	18	60.66	37
土耳其	65.48	25	69.35	25	63.89	17
丹麦	65.30	26	73.23	19	61.55	28
马来西亚	65.09	27	72.34	22	61.70	27
葡萄牙	64.55	28	72.61	21	60.74	36
捷克	63.56	29	69.44	24	60.92	35
南非	63.49	30	67.55	29	61.82	24
墨西哥	63.28	31	65.17	33	62.78	20

续表

国别	发展能力		数字创新能力		全球贸易地位	
菲律宾	63.09	32	68.06	27	60.95	34
阿根廷	62.46	33	60.00	40	64.28	16
泰国	62.24	34	65.18	32	61.19	31
波兰	62.22	35	64.13	34	61.73	25
印度尼西亚	62.12	36	62.22	36	62.59	21
智利	62.11	37	65.93	31	60.59	39
越南	60.62	38	60.24	38	61.36	29
孟加拉国	60.11	39	60.14	39	60.64	38
巴基斯坦	60.00	40	61.03	37	60.00	40

从全球贸易地位的角度出发，美国、日本和中国在国际市场上都拥有较大的份额。美国是世界上最大的经济体，许多美国公司在全球范围内有着广泛的市场份额，尤其在科技、金融和消费品等领域。日本在汽车、电子产品、机械制造等行业中具有很高的竞争力，许多日本公司在国际市场上的地位举足轻重。中国是世界上人口最多的国家之一，也是全球最大的制造业和消费市场之一，其电子产品、家电、通信设备、互联网和电子商务等领域在国际市场中具备相对可观的影响力与市场份额。这三个国家在国际市场上的竞争力使它们有着不可替代的地位。加之 IMF 在变化成员国份额改革之后，中国所持有的份额将从不足 4%升至 6.19%，超过德国、法国和英国，名列第三，这也间接地提升了中国参与全球贸易规则制定的话语权。

根据表 4-8，从区域分布看，在数字贸易强国发展能力前 20 强国家中，亚洲地区国家有 5 个，占比 25.0%，欧洲地区国家有 11 个，占比 55.0%，北美洲地区国家有 2 个，占比 10.0%，南美洲地区和大洋洲地区国家各有 1 个，都占比 5.0%，非洲地区没有国家能进入数字贸易强国发展能力指数排名前 20 强。从数字创新能力来看，欧洲地区整体数字创新能力强于其他地区，从全球贸易地位来看，各地区较为均衡。数字创新能力和全球贸易地位的区域分布特点与对应一级指标的区域分布特点相差不大，整体看来，欧洲地区的数字贸易强国发展能力更强，非洲地区整体的数字贸易强国发展能力相较于其他地区而言较弱。

表 4-8　数字贸易强国发展能力前 20 强分布格局

区域	国家总数	发展能力	数字创新能力	全球贸易地位
亚洲	15	5	5	6
欧洲	17	11	12	8
非洲	1	0	0	0
北美洲	3	2	2	3
南美洲	3	1	0	2
大洋洲	1	1	1	1
发达国家	22	18	19	12
发展中国家	18	2	1	8

从国家类型来看，在数字贸易强国发展能力指数排名前 20 强国家中，发达国家有 18 个，占比 90.0%。毋庸置疑，发达国家整体的数字贸易发展能力是强于发展中国家的，特别是其数字创新能力具备断层式优势，除中国以外的发展中国家的数字创新能力难以跟发达国家相比，有着十分明显的差距。但从全球贸易地位的角度来看，以巴西、印度、俄罗斯等金砖国家为代表的发展中国家贸易后发优势强劲，逐步与发达国家呈现分庭抗礼之势。

（四）发展水平格局

2020 年，数字贸易强国发展水平指数排名前十的国家依次是：爱尔兰、美国、中国、荷兰、印度、英国、新加坡、日本、德国、以色列，其中 5 个国家属于亚洲地区，4 个国家属于欧洲地区，1 个国家属于北美洲地区。从表 4-9 中可以看到，爱尔兰出乎意料地位居榜首，其与美国两个国家的数字贸易强国发展水平远高于其他 38 个国家并以断层的优势位居于前列，其背后的原因主要在于爱尔兰庞大的数字贸易规模。

表 4-9　数字贸易强国发展水平指数得分排名

国别	发展水平		数字贸易规模		数字贸易结构	
爱尔兰	100.00	1	100.00	1	77.51	7
美国	98.55	2	94.62	2	87.78	4
中国	87.92	3	91.31	3	63.09	20

续表

国别	发展水平		数字贸易规模		数字贸易结构	
荷兰	87.54	4	77.54	9	100.00	1
印度	85.32	5	88.80	4	61.77	28
英国	83.34	6	80.66	6	77.98	6
新加坡	81.57	7	81.52	5	69.96	11
日本	80.91	8	72.89	13	91.76	2
德国	80.11	9	78.54	8	73.57	9
以色列	79.58	10	79.35	7	69.64	12
瑞士	77.56	11	69.48	21	90.51	3
韩国	77.21	12	77.28	10	67.83	14
瑞典	76.70	13	71.80	17	81.35	5
加拿大	75.61	14	75.18	12	68.53	13
菲律宾	75.15	15	77.17	11	61.55	30
法国	74.37	16	72.86	14	71.02	10
马来西亚	71.18	17	72.44	15	62.00	25
越南	71.05	18	72.44	16	61.60	29
奥地利	70.80	19	71.21	18	64.20	18
比利时	70.76	20	70.52	19	65.97	15
捷克	69.58	21	70.14	20	63.28	19
挪威	68.54	22	69.45	22	61.87	26
丹麦	68.39	23	64.01	35	76.45	8
泰国	68.22	24	69.35	23	61.16	31
巴西	68.16	25	69.05	24	61.80	27
俄罗斯	67.87	26	68.57	25	62.20	23
澳大利亚	67.77	27	68.49	26	62.10	24
波兰	67.52	28	68.12	27	62.35	22
意大利	67.19	29	66.85	29	64.81	16
阿根廷	66.89	30	67.37	28	62.40	21
西班牙	66.88	31	66.58	30	64.55	17

续表

国别	发展水平		数字贸易规模		数字贸易结构	
墨西哥	65.51	32	66.40	32	60.70	35
印度尼西亚	65.50	33	66.44	31	60.53	37
智利	64.97	34	65.85	33	60.46	38
巴基斯坦	64.81	35	65.74	34	60.28	39
南非	63.37	36	63.82	36	61.02	33
孟加拉国	62.45	37	63.12	37	60.00	40
葡萄牙	61.22	38	61.32	38	61.09	32
土耳其	60.31	39	60.44	39	60.63	36
沙特阿拉伯	60.00	40	60.00	40	60.85	34

爱尔兰作为公认的"避税天堂",来自爱尔兰境外的收入和所得,如未汇入爱尔兰,则不征税;同时,许多的跨国企业也非常看中爱尔兰所谓的"双层爱尔兰"税制,这一税制允许跨国公司将其主要市场的利润经由爱尔兰转到税率更低的国家,加之爱尔兰的欧盟成员身份,爱尔兰与欧盟其他成员国遵从互相认可的税收协定和贸易规则,商品和资金的流通十分便利。正是由于这一原因,在进行跨国交易时,即使很多产品的最终目的地不是爱尔兰,也会经由爱尔兰中转后出口到欧洲各国,故而在很大程度上壮大了爱尔兰的数字贸易规模。即便如此,美国和中国这两大传统贸易强国的数字贸易规模与爱尔兰的差距相对不大。

从数字贸易结构来看,荷兰、日本、瑞士、美国和瑞典等国家偏向于技术密集型高端信息通信技术产品的净出口贸易,对知识产权的保护体系也更为完善,故而其有着高端化的数字贸易结构。总体而言,亚欧板块的数字贸易发展水平要优于其他地区,北美地区仍是美国一枝独秀。

根据表4-10,从区域分布看,在数字贸易强国发展水平前20强国家中,亚洲地区和欧洲地区国家的数目完全持平,分别有9个国家,各自占比45%,北美洲地区有2个国家进入前20强,占比10%,非洲地区、大洋洲地区和南美洲地区则没有国家进入数字贸易强国发展水平前20强之列。二级指标数字贸易规模与其区域分布无明显差别,但是数字贸易结构的区域分布则呈现出了独特的地域特点,从表4-10中可以知道,数字贸易结构指数前20强中有 13 个国家来自欧洲地区，占比高达 65%，可见欧洲地区整体的数字贸易结构优于其他地区，更加偏向于高端产品与服务的贸易。

表 4-10　数字贸易强国发展水平前 20 强分布格局

区域	国家总数	发展水平	数字贸易规模	数字贸易结构
亚洲	15	9	9	5
欧洲	17	9	9	13
非洲	1	0	0	0
北美洲	3	2	2	2
南美洲	3	0	0	0
大洋洲	1	0	0	0
发达国家	22	15	15	19
发展中国家	18	5	5	1

从国家类型来看，在数字贸易强国发展水平的前 20 强国家中，发达国家有 15 个，占比达 75.0%，所占比例依旧高于发展中国家，此特点在分项的两个二级指标中也更为突出，尤其是在数字贸易结构指标中，仅有中国这一个发展中国家进入前 20 强的行列，主要原因在于发达国家产业多为技术密集型，且在知识产权方面的交易和法规也更为完善，而大部分的发展中国家对知识产权的重视程度较低，主导产业偏向于劳动密集型，提高数字贸易结构仍任重而道远。

（五）发展环境格局

2020 年，数字贸易强国发展环境指数排名前十的国家依次是：美国、新加坡、英国、澳大利亚、丹麦、韩国、加拿大、瑞典、挪威、日本，其中 3 个国家属于亚洲地区，4 个国家属于欧洲地区，2 个国家属于北美洲地区，1 个国家属于大洋洲地区（表 4-11）。就样本国家中各区域分布的数目来看，前十强中各地区的国家数目分布较为平均。亚洲国家都分布于亚洲东南部沿海，与其他一级指标得分的国家排名相较，新加坡首次超越了一些老牌的欧洲发达国家，但与美国尚存在一定的差距。值得注意的是，中国的数字贸易发展环境有很大的提升空间，在排名中并未进入前十强的行列，特别是营商环境相对落后于主要发达国家。

表 4-11 数字贸易强国发展环境指数得分排名

国别	发展环境		市场环境		营商环境		公共治理	
美国	100.00	1	98.61	5	100.00	1	100.00	1
新加坡	95.25	2	100.00	1	93.87	4	92.95	6
英国	94.39	3	98.95	3	91.72	7	95.35	3
澳大利亚	93.99	4	89.43	14	98.75	2	92.98	5
丹麦	93.94	5	98.86	4	92.12	6	93.08	4
韩国	92.56	6	99.81	2	87.65	17	95.47	2
加拿大	90.89	7	91.43	10	94.17	3	88.06	13
瑞典	90.68	8	95.96	8	90.22	10	88.87	12
挪威	88.19	9	97.18	7	86.92	19	84.70	19
日本	86.15	10	88.49	16	85.70	22	91.15	9
墨西哥	85.87	11	87.22	18	89.23	13	85.08	17
西班牙	85.54	12	87.01	19	85.82	21	90.69	10
奥地利	85.47	13	90.03	12	82.84	27	92.16	7
中国	85.34	14	98.20	6	80.12	29	86.20	15
德国	85.18	15	90.96	11	88.15	14	79.76	28
土耳其	84.97	16	85.11	20	89.34	12	84.43	20
俄罗斯	84.76	17	80.25	29	93.85	5	81.40	25
马来西亚	84.43	18	82.02	27	91.04	9	83.28	21
法国	84.19	19	87.70	17	83.43	26	89.52	11
波兰	84.13	20	84.48	21	87.93	16	84.92	18
荷兰	83.81	21	91.98	9	78.64	32	91.73	8
比利时	83.72	22	89.02	15	90.16	11	73.26	34
瑞士	82.79	23	89.46	13	84.34	24	80.49	27
印度	82.18	24	81.50	28	91.38	8	75.29	32
泰国	81.51	25	83.32	24	87.27	18	78.37	30
意大利	78.65	26	83.37	23	77.26	33	87.20	14

续表

国别	发展环境		市场环境		营商环境		公共治理	
以色列	77.99	27	74.35	34	85.48	23	80.97	26
爱尔兰	77.13	28	75.90	31	86.88	20	73.19	35
越南	75.92	29	75.45	32	88.03	15	67.29	37
巴西	75.55	30	82.52	26	72.76	36	85.87	16
葡萄牙	74.78	31	74.54	33	78.92	31	81.78	23
印度尼西亚	74.68	32	83.68	22	83.89	25	60.00	40
捷克	74.65	33	74.09	35	82.57	28	74.96	33
南非	74.48	34	79.25	30	76.65	34	78.89	29
智利	71.52	35	73.21	36	73.79	35	81.69	24
沙特阿拉伯	70.79	36	71.91	38	79.84	30	69.26	36
阿根廷	68.04	37	83.21	25	60.00	40	82.53	22
菲律宾	66.71	38	72.94	37	67.47	38	76.97	31
孟加拉国	60.53	39	60.00	40	71.52	37	64.13	39
巴基斯坦	60.00	40	66.32	39	65.27	39	65.91	38

根据表 4-12，从区域分布看，在数字贸易强国发展环境前 20 强国家中，亚洲地区仅有 6 个，占比 30%，欧洲地区有 10 个，占比 50%，北美洲地区有 3 个，占比 15%，大洋洲地区仅有 1 个，占比 5%，非洲和南美洲的数字贸易发展环境改善步伐缓慢，所涉及的市场环境、营销环境和公共治理距离其他地区仍有较大差距，因此非洲地区和南美洲地区没有国家进入数字贸易强国发展水平前 20 强中。数字贸易强国发展环境指数下设的三个二级指标得分排名前 20 强的国家的区域分布特征与总体相差不大。

表 4-12 数字贸易强国发展环境前 20 强分布格局

区域	国家总数	发展环境	市场环境	营销环境	公共治理
亚洲	15	6	5	7	5
欧洲	17	10	11	9	10
非洲	1	0	0	0	0

续表

区域	国家总数	发展环境	市场环境	营销环境	公共治理
北美洲	3	3	3	3	3
南美洲	3	0	0	0	1
大洋洲	1	1	1	1	1
发达国家	22	14	17	12	15
发展中国家	18	6	3	8	5

从国家类型来看，在数字贸易强国发展环境前 20 强国家中，发达国家有 14 个，占比达 70.0%，发达国家所占比例依旧高于发展中国家，进一步说明了发达国家更有能力且更加重视数字贸易发展环境的建设，市场环境、营销环境和公共治理的建设更加趋于成熟。

三、中国与全球数字贸易强国的比较分析

表 4-13 汇报了全球数字贸易强国指数得分前 10 强。从数字贸易强国的评分结果看，无论是总体还是分项的一级指标得分，美国都是名列前茅并多次获得评分的桂冠，即美国是一个综合性发展的数字贸易强国，可以将其称为全能型数字贸易强国；除了美国以外，英国也在各项指标的得分排名前十强中，即也可以将其称为全能型数字贸易强国。中国、日本、韩国、新加坡和德国这些国家在各项指标的评分排名中，进入了多项指标的前十强，虽在某些方面不及他国，但是也可将其称为主导的数字贸易强国。这些主导的数字贸易强国与全能型数字贸易强国相比，有着不可忽视的结构性差异，从各项二级指标得分可以看出，中国在数字贸易发展环境和发展能力方面都有着进一步提升的空间。

表 4-13 数字贸易强国指数得分前 10 强

序号	综合指数		发展基础		发展能力		发展水平		发展环境	
1	美国	100.00	美国	100.00	美国	100.00	爱尔兰	100.00	美国	100.00
2	中国	87.63	中国	95.33	日本	80.65	美国	98.55	新加坡	95.25
3	英国	81.61	德国	83.67	中国	80.56	中国	87.92	英国	94.39

续表

序号	综合指数		发展基础		发展能力		发展水平		发展环境	
4	德国	80.48	英国	80.19	德国	75.48	荷兰	87.54	澳大利亚	93.99
5	爱尔兰	79.97	荷兰	77.91	英国	73.47	印度	85.32	丹麦	93.94
6	日本	78.94	新加坡	77.44	法国	72.70	英国	83.34	韩国	92.56
7	荷兰	78.76	爱尔兰	76.81	韩国	72.19	新加坡	81.57	加拿大	90.89
8	新加坡	78.75	韩国	76.68	澳大利亚	69.82	日本	80.91	瑞典	90.68
9	韩国	78.09	瑞士	76.51	荷兰	68.43	德国	80.11	挪威	88.19
10	瑞典	76.16	丹麦	76.15	加拿大	68.37	以色列	79.58	日本	86.15

（一）中国数字贸易强国发展基础全球领先

中国数字贸易强国发展基础虽未居榜首，但除了美国以外，相比其他国家而言，则是大幅度领先的。从贸易基础来看，作为全球"人口大国"、"贸易大国"和"消费大国"，中国广阔的国内市场暗示着其强劲的市场贸易潜力，货物与服务贸易出口额远超世界主要的发达经济体。中国作为全球最大的跨境电商零售（B2C）出口经济体，跨境电商已成为推动其外贸发展的重要推手，加之电子产品、机械设备、纺织品、化工产品等制造业和金融、旅游、教育、咨询等领域服务业出口规模庞大，为传统贸易数字化转型奠定了夯实基础。中国出口额的增长得益于其庞大的劳动力资源、相对低廉的生产成本和不断提升的技术实力，这使得中国打下了坚实的贸易基础。

从产业基础来看，中国是世界上最大的制造业国家，其制造业的规模和贡献度在全球范围内都是首屈一指的。中国制造业增加值包括生产过程中增加的价值，涉及从原材料采购、生产加工到最终产品的制造等环节。中国制造业的增长对于国内经济的发展和全球产业链的重构起到了重要的推动作用，加之一直致力于推动科技创新和技术升级，在中高技术领域投入了大量资金和资源，通过建设科研机构、加强技术研发和创新能力，培育了一批具有国际竞争力的中高技术企业，中高技术产业的发展水平和竞争力稳步提升。通过积极推动人才培养和引进，不断加强基础创新，中国在信息技术、生物技术、新能源、新材料、人工智能等行业也取得了长足的进步，成为全球中高技术产业的重要参与者和推动者，为数字贸易发展打下了良好的产业基础。

从技术基础来看，中国数字技术基础建设已超过全球平均水平，虽然中国有着地域广阔和人口众多的特点，但其移动互联网的普及率仍旧达到了99.9%。理论上数字贸易包括传统数字贸易业态和新型数字贸易业态，以技术驱动、业态创新为主要特征的新型数字贸易是未来的发展方向。在进行技术升级、商业模式的再造和新场景应用以提升效率并创造商业价值之前，需要线上数字设备的支持。安全互联网服务器和移动网络等的支持可以为数字贸易的发展打下良好的技术基础。

（二）中国数字贸易强国发展能力仍存短板

中国整体数字贸易强国发展能力虽然优于大多数国家，微弱于日本，位居第三位，但与美国之间差距明显，这也是中国数字贸易强国综合指数落后于美国的主要原因之一。从全球贸易地位的角度出发，根据 IMF 的投票权分配机制，每个成员国都有一定的基础投票权，同时还会根据经济规模和国际地位分配额外投票权。作为全球最大的发展中国家，中国在近年来的经济发展中取得了显著成就，因此其在 IMF 中的投票权也得到了相应的提升，中国份额占比也已从 3.996%升至 6.394%，超越德国、法国、英国，仅次于美国和日本。

然而，中国数字贸易发展能力建设的主要症结在于数字创新能力，特别是在最新技术可用度上还有很大的提升空间。数字贸易的发展与数字创新能力的提升密切相关。通过加强数字创新研发投入，能够推动数字技术与传统贸易的深度融合，包括电子商务、数据分析、人工智能、物联网等领域，为创造数字贸易新业态以及推动传统贸易数字化转型提供更多的机会和可能性。例如，创新的数字支付系统可以提高跨境交易的效率和安全性，智能物流系统可以提升跨境物流的效率和可视化程度，大数据分析技术可以帮助企业更好地识别市场需求和消费者行为等。

中国在科技和技术创新方面取得的进步是有目共睹的，但在某些领域的技术可用度、技术应用和商业化等方面确实仍存一定短板，需要切实推进数字技术与传统产业、贸易的广泛融合，在实际应用中完善和推广新兴技术。近年来，中国政府和企业都非常注重技术创新和可持续发展，特别是在ICT相关专利领域，积极推动国内企业和研究机构加强国际合作，吸引国际专利申请和技术转让，取得了显著成果。根据世界知识产权组织的数据，中国已成为全球最大的专利申请国之一，其中 ICT 相关专利的数量也在不断增加，于 2020 年中国 ICT 相关专利的数量超越美国位居全球之首。可见当前中国数字创新领域的发明专利已形成了一定的发展规模，但与美国、日本、德国等发达国家相比，在知识产权保护和技术标准规范方面仍然面临一些挑战，核心技术相对不足，这可能会影响技术的可用度和市场竞争力，进而制约数字贸易发展的动力。

（三）中国数字贸易强国发展水平齐驱并进

从数字贸易强国发展水平来看，尽管中国的优势没有像在发展基础方面那么明显，但依赖于庞大的整体数字贸易规模，计算机、通信和其他服务总额、高新技术产品出口占制成品出口的百分比、数字交付服务贸易规模和数字国际贸易竞争力等成绩亮眼，中国仅落后于爱尔兰和美国，且相差不大，领先于日本、德国、新加坡等传统经济强国。2022 年，中国国际服务贸易交易会"服务贸易开放发展新趋势高峰论坛"发布的《中国服务贸易发展报告 2021》显示，2021 年，中国服务贸易规模创历史新高，连续八年位居世界第二；质量稳中有进，开放步伐加快，协同水平提高，区域发展向好，对外合作加强。其中，数字服务进出口总值达 3596.9 亿美元，同比增长 22.3%，占服务进出口比重达 43.2%；2021 年，数字服务净出口规模达 300 亿美元，同比增长 103.2%，数字服务贸易国际竞争力进一步增强。

然而，中国的数字贸易结构则有待优化，从表 4-9 中可以看到，中国仅是勉强挤进数字贸易结构指数的前 20 强，得分远不及日本、新加坡和韩国等亚洲国家，主要原因在于中国的信息与通信技术类产品进出口占比和知识产权使用费进出口占比相对较大，高端数字产品贸易的不足导致中国在数字贸易强国发展水平上并未同世界多数国家拉开差距，当前处于与日本、印度、德国等国家齐头并进的发展态势。

（四）中国数字贸易强国发展环境劣势明显

从数字贸易发展环境的角度看，美国的数字贸易发展环境最优，新加坡和英国次之，而中国与其相较则较为落后，中国的数字贸易发展环境还有很大的改善空间。中国营商环境仍有待提升。良好的数字营商环境是发展数字贸易的重要保障，发展数字贸易离不开良好的营商环境。一方面，利用通信、互联网、数字口岸和智慧港口等数字基础设施支撑数字贸易发展时，需要良好的网络安全环境保驾护航和简明高效的运作程序，如设施的可获得性、低成本、连通性以及企业经营时遵循政策法律法规所需要的实践和成本条件，即网络安全程度和营商便利程度。另一方面，发展数字贸易需要完善的数字治理体系支撑，包括健全数字经济领域的监管法规、标准规则，优化公共服务和许可审批等配套政策，强化对企业信贷、知识产权合法权益的保护等。

国家公共治理的改善是至关重要的。国家公共治理包括法律法规、政府机构、公共服务、政策制定等方面的改革和完善，从数字贸易层面考虑则应强调数字的治理。数字治理的竞争力主要从治理体系、公共服务和基础保障三个维度对其进行评价。中国的数字治理竞争力居样本范围的第23位，即中国需从这三个维度出发，改善数字治理的水平。第一，国家需要建立健全的法律法规体系，以确保数字贸易的合法性和公平性。这意味着要制定和修订与数字贸易相关的法律，如《中华人民共和国电子商务法》和《中华人民共和国数据安全法》，以保护消费者权益和企业利益。加强对数字贸易的监管。这包括加强对电子商务平台、在线支付系统和互联网服务提供商等相关企业的监管，以确保其合规经营和保障服务质量。第二，公共服务的提供也至关重要。政府应该加大对数字人才培养的投入，提供相关培训机会，以满足数字贸易发展中所需的技能和专业人才。第三，政策制定也需要进一步强化数字基础建设，以及制定支持数字贸易发展的政策和措施，如降低关税和非关税壁垒、简化进出口手续、加强知识产权保护等，以吸引更多企业参与数字贸易。除此之外，提升政府在线服务的水平和办事效率，也是强化公共治理的关键。

数字贸易发展环境与市场环境密切相关。市场环境是指供求关系、市场竞争、市场准入等因素所构成的经济环境。市场需求是数字贸易发展的基础。数字贸易的兴起离不开消费者对数字产品和服务的需求。市场需求的增长和多样化将促进数字贸易的发展。强烈的市场竞争可以激发企业的创新和提高产品与服务的质量，推动数字贸易的进步。在竞争激烈的市场环境下，企业将不断努力提升自身竞争力，以获得更多市场份额。但相对于营商环境和公共治理而言，市场环境的劣势并不是数字贸易发展环境问题的主要症结。

第五章　中国建设数字贸易强国的战略选择[*]

当前，全球数字贸易领域的大国博弈与竞争正从科技实力向技术标准以及国际规则制定权领域集中，而且全球数字贸易规则尚未统一，加剧了全球规则博弈[①]。中国不仅在数字贸易推进平台的技术上落后于发达国家，而且在数字贸易规则制度的建设方面也相对滞后，处于话语权不足的被动局面。因此数字贸易强国建设的战略不仅包括从技术上构建推进平台，更要从数字贸易规则制定方面赢得制定权，即加快推出完整的数字贸易治理中国方案，为数字贸易谈判赢得主动权。

数字贸易强国建设的战略选择主要包括主动构建数字贸易强国推进平台、引领参与制定全球数字贸易规则、积极推行全球数字贸易治理体系三个方面，其中后两个方面均属于全球数字贸易规则和治理体系构建。推进数字贸易强国的平台建设与构建全球数字贸易规则和治理体系两者相辅相成，是数字贸易强国建设战略密不可分的两部分。推进数字贸易强国的平台建设属于"硬件设施"，是参与制定数字贸易规则和全球数字贸易治理的现实基础和依据；而制定数字贸易规则和参与全球数字贸易治理是"软件设施"，是推进数字贸易强国平台建设的法律协议框架。因此以上两个维度的建设是数字贸易强国战略的两个方面，缺一不可。

第一节　主动构建数字贸易强国推进平台

为顺应数字贸易日益繁荣的发展趋势，主动构建数字贸易强国推进平台具有十分重要的战略意义。由于我国经济的特殊性，政府是推动数字贸易强

---

[*] 本章作者：袁群华，广东外语外贸大学广州开放经济研究中心助理研究员；何传添，广东外语外贸大学副校长、教授、博士生导师。

[①] 张茉楠，方元欣，邱晨曦.全球数字贸易规则博弈与"中国方案".全球化，2022，（2）：46-58，134.

国建设的关键所在，行业和企业是数字贸易强国建设的载体，建设数字贸易强国需要同时在政府层面、行业层面和企业层面上进行。

一、从政府层面构建数字贸易强国推进平台

（一）通过国际合作平台推进数字贸易规则谈判

正如其他贸易协定的签订一样，数字贸易合作规则能在合作国家推行的前提是获得这个国家的认可，否则无法达成共识，就不能为两国之间的数字贸易开展奠定相应的规则基础。当前，中国已经签订的RCEP和正在谈判的DEPA和CPTPP含有数字贸易规则。其中，DEPA和CPTPP较RCEP在数字贸易规则方面更加深入，对中国数字贸易开放具有更大的挑战；但从长远来看，中国需要在深度的数字贸易规则方面开展谈判和加大开放力度。

从近期发展角度看，中国需要在现有与国外签订的自由贸易区协定的基础上嵌入与数字贸易相关的规则。自从2006年商务部提出将自由贸易区提高到国家战略并开展研究，次年党的十七大报告正式提出要实施"自由贸易区"战略[1]以来，根据商务部网站统计[2]，截至2024年4月，中国已与20个国家或地区签订自由贸易协定，正在谈判的有10个自由贸易协定，正在研究的有8个自由贸易协定。中国签订的区域自由贸易协定具有以下特征：一是大部分自由贸易区体量较小。除了RCEP和中国—东盟自由贸易区外，其他自由贸易区的体量均比较小。二是大部分自由贸易协定的深度较浅，以至于少数已经签订的自由贸易协定正在谋划升级版和第二阶段予以加深。三是中国在自由贸易协定谈判过程中极少居于主导地位，大部分为被动要价，尤其是与发达国家谈判，鲜有要价空间[3]。

因此，中国未来升级现有自由贸易协定应首先将数字贸易规则纳入中国—东盟自由贸易区的自由贸易协定和中国—新加坡自由贸易区的自由贸易协定的进一步升级版中，从而深化现有自由贸易协定，并依据中国在全球贸

---

[1] 胡锦涛在党的十七大上的报告. http://www.npc.gov.cn/zgrdw/npc/zggcddsbcqgdbdh/2012-11/06/content_1742192.htm[2024-03-28].
[2] 中国自由贸易区服务网，网址 http://fta.mofcom.gov.cn/。
[3] 屠新泉."入世"15年：中国在全球贸易治理中的角色变迁. 国际商务研究，2016，37(6)：33-44.

易和数字贸易发展地位主导其他现有自由贸易协定的升级。从更加长远的角度看，中国可以在金砖国家机制、"一带一路"倡议框架内等开展数字贸易谈判，以达成更多符合发展中国家利益的数字贸易协定，其数字贸易规则也可以为中国及其他发展中国家参与数字贸易治理提供可借鉴的蓝本。

（二）通过国内试验平台探索数字贸易规则对接

数字贸易作为贸易领域的新业态，对于中国来说其交易规则还处于探索之中；为降低规则的试验成本，通过自由贸易区试验平台先行先试，探索数字贸易规则对接具有可行性和必要性。通过国内自由贸易区试验数字贸易规则对接的主要目的在于：一方面，通过高标准数字贸易治理理念进行拔高性质的探索，即在规则文本的基础上进行对接；另一方面，针对有挑战性质的规则进行触底性质的探索，找出降低这些规则负面影响的路径[①]。

上海自贸区、海南自由贸易港和深圳前海蛇口自由贸易试验区在数字贸易规则对接上进行了探索实践。以已经签订的 RCEP 贸易规则对接为例，上海自贸区、海南自由贸易港在数据跨境流动、数据产业发展和数字营商环境等方面进行了大胆尝试[②]。其中，在金融服务方面，上海自贸区侧重于从数字层面加强服务供给，而海南自由贸易港则侧重于国际接轨。在数字保护机制和营商环境建设方面，上海自贸区侧重于数据跨境流动的合规监管，海南自由贸易港侧重于对数字技术的知识产权保护，深圳前海蛇口自由贸易试验区则致力于跨境电商的发展[③]。

未来国内自贸区在数字贸易规则的对接主要从以下几个方面入手：一是对接数据跨境流动和存储规则，探索数据流动与数据安全的平衡。二是对接电子传输免关税规则，估算由电子传输带来的关税收入，为制定符合中国国情的电子传输关税提供参考。三是对接数字产品的非歧视性待遇规则，自贸区可以尝试对中国数字产品开放度进行摸底，为数字产品市场开放提供压力测试。四是对接数字技术非强制性转移规则，即源代码公开原则，源代码公开原则是数字贸易规则的重要内容。自贸区可以从软件分类入手，探索源代

---

① 周念利，于美月，廖宁. 发挥自贸区优势 探索对接数字贸易国际规则. 中国外汇，2022，（23）：40-43.
② 田宇涵，王敏杰，陈文熹，等. 自贸区如何对接 RCEP 数字经贸规则：来自上海和海南的经验. 中国外资，2023，（15）：54-56.
③ 范宏韬. 2023-08-11. 数字贸易"前海模式"走向全国. 深圳商报（A01）.

码公开的适用范围,并要求与中国签订数字贸易规则的国家不得以源代码公开作为市场准入的条件[①]。

（三）推进工业互联网建设和构建公共数据中心

工业互联网是工业领域里的操作系统,涉及网络、数据和安全等方面的技术,要在这些领域取得突破并非易事,需要整合全国的有关技术力量集体攻关。工业互联网还涉及数据标准化问题,其建设将直接影响到中国在工业领域的产业分工和标准建设。因此推进工业互联网建设是中国当前数字贸易平台建设的关键所在,将推动中国工业领域的数字标准建设和数字贸易的全球治理。因此,需要在技术和数据标准两个方面推进工业互联网建设。

不论是以数字化方式发展电子商务、推进工业互联网建设,还是开展数字产品贸易,都离不开数据的采集和使用,以及所涉及的数据安全问题,因此需要构建公共数据中心以满足这些现实需求。作为数字贸易数据公共平台,公共数据中心通过链接电子商务数据中心、数字产品贸易中心、数字技术平台以及工业互联网等实现资源共享,并进行数据分析和使用。

二、从行业层面构建数字贸易强国推进平台

数字贸易行业平台主要包括物流业、电子支付、软件技术支持等,数字贸易的发展离不开相关行业平台的支持,这些支持平台与数字贸易的发展相互促进、相互制约。

（一）着力发展海外物流和建设海外仓

从中国物流业和电子商务的发展历程看,正是电子商务的快速发展给物流业尤其是给快递行业带来机遇。此前,中国邮政几乎垄断了中国邮递行业,而且长期以来物流业发展速度和服务水平满足不了人民需求。随着电子商务的兴起,需要快速反应且价格合理的快递行业予以支撑,中国民营快递业如雨后春笋般出现,民营快递业在初始阶段不尽如人意,仍需通过后续逐步规范管理引导走向正轨。同时,也是借助于民营快递业的飞速发展,中国电子

---

① 周念利,于美月,廖宁. 发挥自贸区优势 探索对接数字贸易国际规则. 中国外汇,2022,（23）：40-43.

商务才能够在短时期内取得快速扩张,交易规模居世界前列。但是我们也应看到中国物流业基本也是以国内市场为主,较少涉及海外物流。从全球物流业主要服务商看,中国只有中国远洋海运集团有限公司排在前十名中,排名第七。另外,从与电子商务发展密切相关的快递业看,据《财富》统计,中国有京东、阿里巴巴、中国邮政等公司进入全球前十名(从财务数据看,顺丰的营业收入也进入了前十)。但是从国际快递物流看,UPS、DHL、FedEx国际快递三巨头占据了全球国际快递业营业收入近九成的市场份额。随着中国跨境电子商务的快速发展,对海外物流的需求也日益迫切,海外物流将迎来难得的历史机遇,同时也将面临相应跨越国界的挑战。因此,切合当前跨境电商快速发展所产生的物流需求,开展海外物流是中国快递行业拓展物流业服务半径的必由之路。

跨境电商一般采取国际邮政小包、国际快递和海外仓模式来实现跨境物流。其中,前两种方式在时效和成本上具有劣势,且在客户服务上存在缺陷,而海外仓是跨境电商重要的境外节点,也是当前跨境电商发展的一种优先选择。一般来说,跨境电商采取第三方海外仓(如国内大型海外仓纵腾谷仓、递四方和万邑通等)、平台海外仓(如亚马逊的 FBA 仓)和自建海外仓三种模式。海外仓改变了跨境电商直接出口到境外企业或者消费者的模式,提高了时效,降低了物流成本,整合了价值链。第三方海外仓一般含有清关、入库质检、接受订单、商品分拣、配送等服务,平台海外仓包括仓储、拣货打包、派送、收款、客服与退货处理等"一条龙"式物流服务,而自建海外仓则需要自己处理以上事宜。不过,第三方海外仓和平台海外仓均难以满足个性化需求,因此大型跨境电商较多采用自建海外仓模式,而中小跨境电商则较多采用第三方海外仓和平台海外仓。所以,国内大型电商平台如阿里巴巴、京东、卓尔智联和国联股份等应加大海外仓的建设力度,同时也应发展第三方海外仓,为广大中小跨境电商提供机遇。鉴于"一带一路"共建国家是中国外贸的快速增长点,拓展这些国家和地区的海外仓布局具有重要的战略意义。

(二)推动电子支付成为跨境支付手段

电子支付手段对于开展电子商务来说也是至关重要的一环,当前中国电子支付手段主要有微信、支付宝、中国银联等,也可以通过链接银行卡进行支付。虽然中国电子支付方面发展迅速，电子支付规模位于全球前列，但是大多数时候跨境支付是通过国外的 PayPal 和谷歌支付。根据智研咨询发布的《2022—2028 年中国网络支付行业发展模式分析及未来前景规划报告》，2021 年中国数字钱包占全球电子商务交易额的 49%，略高于 2.6 万亿美元；预计到 2025 年，数字钱包占交易额的比例将上升到 53%。但是仍不能忽视发展跨境支付的重要性和紧迫性，2022 年 7 月，国外跨境支付平台 PayPal 对中国跨境电商资金安全造成风险（资金清零且无法申诉）的案例给中国跨境支付予以警示，推动支付宝、微信支付、中国银联等成为国际普遍接受的支付手段势在必行。

（三）加快云计算和大数据等技术的发展

云计算、大数据是互联网时代数据处理的新发展，是数字贸易强国建设的关键技术基础。①云计算即网络计算，云计算的核心概念就是以互联网为中心，在网站上提供快速且安全的云计算服务与数据存储，让每一个使用互联网的人都可以使用网络上的庞大计算资源与数据中心[①]。数字贸易离不开大量网络数据计算，并快速实时得出正确的结果，而且还需要进行大量的数据交换，因此云计算技术是数字贸易继续向前发展的重要支撑。此外，云计算本身也可以作为服务进行数字贸易。云计算技术发端于美国，2006 年，谷歌公司最先提出云计算概念，2008 年，微软发布其公共云计算平台（Windows Azure Platform）。此后中国多家大型网络公司也开始开展云计算的研发，如 2009 年阿里软件建立了中国首个电子商务云计算中心。②大数据（big data）是一种需要新处理模式才能具有更强的决策力、洞察发现力和流程优化能力来适应海量、高增长率和多样化的信息资产（研究机构 Gartner 给出的定义）。由于大数据与人工智能、云计算、物联网、区块链等技术日益融合，当前各国都将发展大数据产业上升为国家战略。根据 IDC 和全球知名数据提供商 Statista 的统计数据，2013～2020 年全球大数据储量年均增长 40.73%，至 2020 年约为 47 ZB。另外，根据 IDC 数据，2020～2024 年全球大数据市场规模在 5 年内实现约 10.4% 的复合增长率，预计 2024 年全球大数据市场规模约为 2983 亿美元[②]。从 Statista 最新发布的统计数据看，全球

[①] 罗晓慧. 浅谈云计算的发展. 电子世界，2019，（8）：104.
[②] 资料来源于 IDC 发布的《2021 年 V1 全球大数据支出指南》。

大数据中心主要集中在美国、中国和日本：截至 2020 年末，美国大数据中心数量占全球的比例达到 39%，中国占比达到 10%，日本占比达到 6%。同时，从 2017~2020 年全球大数据中心数量的分布变化趋势来看，中国的份额越来越大，说明中国大数据产业的潜在发展空间巨大。

云计算的发展关键在于突破核心技术，推动与 5G、工业互联网、大数据等技术融合创新，从而培育出具有带头作用的骨干企业，形成中国的云计算标准。一方面，大数据是数字贸易发展的关键支撑；另一方面，大数据本身也是数字产品。加快大数据产业发展的对策：一是提升大数据应用水平，如促进数据流动、推动与行业深度融合等；二是加强数据基础设施建设，如加快发展 5G 和千兆光网建设，从而构建数字贸易的大数据平台。

三、从企业层面构建数字贸易强国推进平台

企业数字贸易平台是数字贸易发展的前提，由于构建企业数字贸易平台具有高研发成本和规模经济的特征，在建设数字贸易强国的过程中，主动构建企业数字贸易推进平台可以为数字贸易提供类似基础设施的发展条件。"十三五"期间中国数字贸易获得了飞速发展，取得了丰硕的成果，数字贸易占服务贸易的比重从 2015 年的 30.6%[1]增至 2022 年的 41.7%[2]。然而，由于互联网技术发端于美国，其企业数字贸易平台发展也居于全球领先地位。据 UNCTAD 数据，在全球 70 个最大企业数字贸易平台中，中国居第二位，占 22%，与美国占比 68% 有较大差距，且从发展趋势看，美国前十大互联网公司市值占比也呈现出扩大趋势，以"FAMGA"（表示 Facebook、Apple、Microsoft、Google、Amazon）为代表的超级平台公司占据了全球所有行业上市公司市值的前七中的五个位置[3]，而中国大型互联网公司市值占比则出现下滑。从中国企业数字贸易平台的发展情况看，近年来企业数字贸易平台发展突飞猛进，但主要以服务国内市场和海外华人市场为主，在技术上也相

---

[1] 王晓洪，夏友仁. 中国数字贸易发展：现状、挑战及思路. 全球化, 2022, (2): 32-45, 134.

[2] 资料来源于国务院发展研究中心对外经济研究部和中国信息通信研究院联合发布的《数字贸易发展与合作报告 2023》。

[3] 陈伟光，钟列炀. 全球数字经济治理：要素构成、机制分析与难点突破. 国际经济评论, 2022, (2): 60-87, 6.

对于全球数字贸易平台来说略逊一筹[①]。其中的原因有三个方面：一是数字贸易规则对接问题，欧美数字贸易规则对于中国数字贸易平台拓展欧美市场来说具有较大的挑战；二是语言和文化方面的差异也是中国数字贸易平台进入欧美市场的障碍；三是中国数字贸易平台在核心技术上与欧美相比仍然有较大差距。在此以代表性数字贸易平台跨境电子商务平台、数字产品贸易平台、数字软件服务平台[②]为例阐述如何推动中国企业数字贸易平台。

（一）推动跨境电子商务平台发展

跨境电子商务平台是数字贸易服务的主要承载形式之一，主要通过数字服务介入到传统贸易形成新的贸易方式。据海关统计，2022年，中国跨境电商进出口规模首次突破2万亿元，达2.1万亿元[③]。中国的阿里巴巴和京东等B2C以及卓尔智联和国联股份等B2B大型综合电子商务平台虽然目标也是基于全球市场，但国内市场仍然占主要份额。美国的亚马逊公司在电子商务平台方面仍然居于全球第一，亚马逊不仅在电子商务经营货物贸易处于领先地位，而且在电子阅读方面也是首屈一指。此外，不少垂直平台（行业平台）在行业内电子商务方面各具特色。特别是，阿里巴巴集团提出的e-WTP（electronic world trade platform，世界电子贸易平台）构想是中国构建跨国数字贸易平台的蓝图。

发展跨境电子商务是数字贸易平台建设过程中最主要的内容，发展跨境电子商务需要满足两个基本的条件：一是信息与通信技术基础设施；二是跨境电子商务支付手段。当前，中国信息和通信技术发展相对较快，但是核心技术部分仍然被美国等发达国家控制，如华为因美国对芯片的控制不能在美国正常经营。此外，中国有关资本监管的规定对于电子商务跨境支付起到了限制作用。因此，加强自主创新力度和掌握核心科技，放宽跨境支付的资本监管是当前跨境电子商务发展的基础和条件。

---

① 沈玉良. 上海率先构建全球数字贸易平台研究. 科技发展，2019，（7）：33-37.
② 数字贸易分为采用数字化手段的贸易和贸易产品数字化两个方面，主要包括跨境电子商务平台、搜索引擎、社交平台、APP应用商店、共享平台、工业互联网等六种类型。
③ 图表：中国跨境电商年进出口规模首次突破2万亿元. https://www.gov.cn/zhengce/jiedu/tujie/202306/content_6887044.htm[2023-06-18].

（二）突破数字贸易核心技术

数字软件服务平台是数字贸易的基础平台，用以支持以上所述的两种数字贸易平台。以 APP 应用商店为例，APP 应用商店是以智能手机为载体的数字贸易基础平台，美国企业代表为苹果公司和谷歌公司，国内企业代表为华为公司和小米公司。由于智能手机的两个主要操作系统——苹果系统和安卓系统均由上述两家美国企业掌握，国内智能手机企业缺乏核心技术，处于较为被动的局面。

可见，数字贸易核心技术是发展数字贸易的基础，没有强大的数字核心技术支撑，就没有数字贸易平台的建设和发展。而今，虽然中国数字技术已经有了长足的进步，但是与美国数字贸易企业相比还存在很大差距。为在数字贸易核心技术方面取得突破，应建设相应的创新环境，集合国内不同研究机构如研究院、大学和企业的力量共同推进相关领域的研究。

（三）加快发展数字产品贸易

数字产品贸易是指通过信息技术将图像、文字、影音等内容进行贸易，主要包括数字游戏、数字视频和音乐、数字出版、搜索引擎与社交媒体等。在此以搜索引擎和社交平台为例进行分析：①搜索引擎主要业务集中于在线信息和数据检索，不过其战略重点如今放在了发展无人驾驶等新一代人工智能技术方面。在搜索引擎方面，谷歌公司是全球最大的在线信息和数据检索公司，其业务服务范围涵盖全球绝大多数国家和地区，占全球九成市场份额；而国内搜索引擎以百度为首，服务范围基本为华人市场。相对而言，谷歌在操作系统和无人驾驶等新一代人工智能技术方面都比百度要领先很多。②社交平台也是数字贸易平台的一个重要方面，包括相关的硬件、软件、服务及其应用。比较美国 Facebook 和中国腾讯两家重要社交平台，Facebook 的社交网络为全球网络，服务半径为全球范围内的用户，占全球社交媒体三分之二的份额；而腾讯主要服务国内市场。两家社交平台的产品和收入模式也有较大差距。

数字文化产品贸易是贸易产品数字化的代表，主要包括电子图书、影音、软件等；文化产品贸易是国家软实力的体现。①数字文化产品贸易首先是文化产品数字化，只有数字化的文化产品才可能使之成为互联网交易的数字产品，否则只能是非数字化产品在互联网上销售。②与所有文化产品一样，数字文化产品贸易面临的第二个问题就是知识产权问题,而且由于数字产品可传播性强,传播成本低,数字文化产品更容易受到侵权,因此加强知识产权保护是数字文化产品发展的保障。③文化产品的文化属性给数字文化产品贸易带来更多的约束,出于文化入侵的顾虑,在国际贸易规则中一般都有"文化例外"条款,因而为拓展数字文化产品的贸易,积极参与数字贸易规则谈判是减少数字文化产品贸易壁垒的可行之策。

第二节 引领参与制定全球数字贸易规则

随着全球数字贸易的快速发展,必然要求有相应的规则予以规范各国之间的数字贸易;制定全球数字贸易规则成为当前数字贸易发展的关键前提,为破除各国之间数字贸易发展障碍奠定坚实的制度基础。从逻辑上分析,由于数字贸易是一个全新的领域,建立在数字技术基础上的跨国交易虽然能够降低信息交换成本和带来便利,但数字贸易和传统国际贸易一样会遇到跨越不同关税区之间的制度障碍。而且,数字贸易因涉及经济利益和文化冲突受到更加严格的监管,国际贸易壁垒也不会因为互联网而消失,因此涉及政府之间的数字贸易规则对接是当前数字贸易发展的重要战略。由于数字贸易属于服务贸易,大部分数字内容更具敏感性,制定全球数字贸易规则不仅要根据各国数字贸易不平衡发展的现实状况,也应参考现有各国数字贸易规则的制度基础,相互借鉴,求同存异,取最大公约数,为全球数字贸易发展扫清制度障碍。

一、在 WTO 框架下推动达成多边数字贸易规则协定

WTO 框架下的多边贸易规则仍然是当前贸易运行的规则基础,多数 WTO 成员方希望在现有多边贸易体制下达成统一的数字贸易规则[1]。但是,首次将电子商务纳入议题的"多哈回合"谈判因数字贸易安全问题、发达国家和发展中国家的立场不同、WTO 自身改革困境、当前贸易保护主义环境等不得不终止,说明制定多边贸易体系的数字贸易规则还有很长的路要走,

---

① 汪晓风,王正珺. 世界贸易组织改革背景下数字贸易规则的构建. 复旦国际关系评论,2020,(1):164-179.

但是中国仍然要积极推动 WTO 的谈判。鉴于 WTO 成员方众多，依据中国数字贸易发展及规则制定的现状，中国主要应促进在较低层次的跨境电商和贸易便利化方面的贸易规则达成协定，以促进全球跨境电商发展和贸易便利化。

鉴于 WTO 一贯的"协商一致"内部决策机制，参考其他国际组织的决策程序，WTO 内部决策机制的改革方向应该对现有"协商一致"进行改革，即在"协商一致"的基础上增加表决程序[①]，也就是在"协商一致"不能达成一致的情况下实行"加权表决"且"多数决"方式，以达到尽快形成决议的目的。多边数字贸易规则制定的可行路径应由 WTO 综合各方提出的有关数字贸易的议案，寻求最大的公约数，以数字贸易自由化为发展方向，在此基础上就部分争议提出协调解决方案。此外，通过签订诸边贸易协定再扩展成多边贸易协定也是一种行之有效的方式，因参与诸边贸易协定谈判的成员多为利益相关方，更容易达成共识。例如，《信息技术产品协议》(Information Technology Agreement，ITA) 就是在 WTO 框架下达成的诸边贸易协定，并逐步拓展到其他 WTO 成员，形成多边贸易协定[②]。

二、对接高标准区域数字贸易规则

为应对当前以欧美区域贸易协定为代表的全球高标准数字贸易规则，根据中国数字贸易发展现状及趋势，针对中国可以接受的不同程度，分别提出对接策略。

（一）中国对接高标准数字贸易规则的难易程度

从中国对接高标准数字贸易规则文本的难易程度看，已经接受的有"电子传输免关税、数字产品非歧视性待遇、国内电子交易监管框架、电子认证与电子签名、线上消费者保护、个人信息保护、无纸贸易、通过电子方式跨境传输信息、计算设施的位置、非应邀商业电子信息、合作、网络安全、争端解决"等 13 个方面，接受难度较小的有"互动电脑服务、政府数据开放、

---

① 注：事实上，WTO 内部决策机制包含了表决程序，但在实践中一直没有采纳过。
② 程大为. 美国治下全球贸易体系的变化及中国贸易治理对策. 政治经济学评论, 2018, (4): 97-109.

使用加密技术的信息和通信产品、税务"等四个方面,接受难度较大的有"开放网络、源代码"等两个方面。以下将重点探讨接受难度较小和接受难度较大的规则,不再讨论已接受的数字贸易规则。

（二）中国对接高标准数字贸易规则的基本思路

对于中国对接难度较小的高标准数字贸易规则,可以通过加大数字贸易开放和完善自身的法律减少这些规则带来的负面影响。例如,"互动电脑服务"是指允许互联网平台如 Facebook 等托管的用户发布内容但平台无须承担责任,是在 USMCA 等贸易协定中出现的条款。这显然有利于平台的发展,但对于中国来说具有较大的风险,需要与协定签约方进一步完善该数字贸易条款,并完善中国自身的法律,减少该条款的负面影响。对于"政府数据开放",虽然现在中国的政府数据开放程度比较低,但政府数据开放是中国未来政策的发展方向,该条款对于中国政府来说总体上可以接受,只是需要进一步完善细节。"使用加密技术的信息和通信产品"与中国现行法律基本一致,接受难度较小。"税务"问题对于中国来说难度也不大,中国参与国际税收改革具有较多的实践,且与中国对于国际税收治理的理念一致。

难度较大的"开放网络"和"源代码"条款,对中国来说具有较大的挑战。"开放网络"带来的社会风险和政治风险较大；而"源代码"条款与未来中国改革方面一致,可以通过国内自贸区进行试验,以评估其对中国数字贸易的影响。因此,对于难度较大的数字贸易条款,中国可以暂时不纳入谈判或即将签订的数字贸易协定或者通过自贸区先行试验。

（三）主要版本数字贸易规则的差异及中国的应对

美版、欧版数字贸易规则的核心差异在于欧版数字贸易规则是有条件的跨境数据自由流动,即在个人信息保护的基础上实现跨境数据自由流动；而美版数字贸易规则认为应实现跨境数据流动自由化。美国、欧盟均主张建立高标准数字贸易规则,符合数字贸易的发展趋势,获得主要数字贸易国家的认可,在知识产权、跨境数据流动规则领域具有话语权,美版数字贸易规则和欧版数字贸易规则都是现今主要的数字贸易规则谈判模板。对于中国来说,由于数字技术不具有优势地位,数字贸易主要侧重于跨境电商；由于其他类型的数字贸易不够发达,数字贸易规则自然侧重于跨境电商和贸易便利化方面,且从总体上看中国的数字贸易监管政策较为保守,强调数据本地化、数据跨境流动安全性高于流动性,与国际高标准数字贸易规则有一定差距[1],难以赢得主要数字贸易国家的认可。因此,一方面,中国应主动学习和借鉴欧美高标准的数字贸易规则,适当降低数字本地化要求和跨境数据流动的监管力度,扩大数字贸易的对外开放;另一方面,应提升国内数字贸易的法治化和规范化水平,并根据中国数字技术和数字贸易推进平台的实际情况,平衡国内外数字贸易规则。

由于新版的 DEPA 采取模块化结构,参与谈判的成员可以灵活选择其中的某些模块加入,这样拓展了 DEPA 的适应性,为世界各国参与数字经济合作提供了包容性制度框架[2],如中国、韩国等数字贸易快速发展的国家都乐于加入 DEPA 的谈判。而且,采取模块化结构便于协议的进一步修订,为协议本身的发展提供更加便捷的路径。DEPA 创新性议题具有前瞻性,为后续数字贸易规则制定和谈判提供新领域[3]。因此,中国当前仍然以积极参与DEPA 谈判为主,力争达成较高层次的数字贸易规则。

三、完善国内数字贸易立法,实现国内国际规则互构

(一)实行数据分级分类管理,应对跨境数据流动

1. 国内数字贸易规则立法情况

参与制定全球数字贸易规则的前提是加快国内数字贸易规则建设,只有在国内数字贸易规则完备的情况下,才能更从容地应对多边和区域贸易规则。当前,中国国内数字贸易规则分布在各种不同的规章制度里,暂时没有统一完备的数字贸易规则条例。相关法律规定简要介绍如下:《中华人民共和国网络安全法》(2017 年 6 月生效)对网络安全的规定包括国家安全等意识形态内容的规定,如"不得利用网络从事危害国家安全、荣誉和利益,煽动颠覆国家政权、推翻社会主义制度,煽动分裂国家"等。对来源于境外

---

[1] 朱福林. 全球高标准 RTAs 数字贸易规则演进与中国因应. 学术论坛,2022,(5):93-105.
[2] 赵龙跃,高红伟. 中国与全球数字贸易治理:基于加入 DEPA 的机遇与挑战. 太平洋学报,2022,(2):13-25.
[3] 任宏达. 数字贸易国际规则的多元发展与中国元素:以中国申请加入《数字经济伙伴关系协定》为视角. 中国发展观察,2021,(24):46-48,52.

的法律法规禁止的信息进行必要的阻断，这与无限制的跨境数据自由流动目的存在冲突。《中华人民共和国数据安全法》（2021年9月生效）规定国家建立数据安全审查制度，对影响或者可能影响国家安全的数据处理活动进行国家安全审查。《中华人民共和国个人信息保护法》（2021年11月生效）规定"国家机关处理的个人信息应当在中华人民共和国境内存储；确需向境外提供的，应当进行安全评估。安全评估可以要求有关部门提供支持与协助"。以上有关数字贸易的法律规定表明虽然中国取得了长足进步，但也表明中国当前网络与数据安全法律体系只作原则性规定，信息出境安全评估办法等规定和细节尚未出台，影响跨境数据流动。

此外，还应启动数字服务有关税收立法的研究。当前与数字服务有关税收对于中国来说相对较小，但是随着跨境服务贸易的开放不断加大，与数字服务贸易相关的税收日益增加，最终将在服务贸易领域占重要地位。作为一项前瞻性工作，中国应抓紧时间启动与数字服务相关的税收立法研究，防止因为税收影响到中国数字产业的发展[①]。

2. 实行数据分级分类管理

为了应对跨境数据流动的现实要求，同时也考虑到数据安全问题，对数据实行分类分级管理势在必行。首先，应对数据进行分类管理，即对于国家安全和重要经济领域的数据严格控制流动，但对于一般商业数据应该放开管制。其次，还应在数据分类管理的基础上进行分级管理，如在文化产品方面，可以开放影视、动画、娱乐节目等数据，而对于新闻等涉及意识形态数据则加强管理。《中华人民共和国数据安全法》虽然对数据分类分级做出了原则性规定，但在具体操作层面仍然不是很明确。

依据《中华人民共和国网络安全法》和《中华人民共和国数据安全法》的精神，原则上允许跨境数据流动，但同时要兼顾数据安全，对数据跨境流动进行监管，从而维护数据主权。如上所述，将数据进行分类分级是开放数据跨境流动的前提，探索符合中国国情的数据分类和本地化标准，并在此基础上形成易于执行的实施细则，从而合法使用数据，阻断国外对于数据的"长臂管辖"。

---

① 为数字贸易国际规则制定贡献中国智慧. http://tradeinservices.mofcom.gov.cn/article/yanjiu/pinglun/202202/130233.html[2022-02-10].

（二）统筹国内国际规则，积极把控其互构与转化

为了协调国内外数字贸易法律法规的相关规定，形成统一的法律体系，中国需要按照内外法制一致原则制定和修订国内有关数字贸易的法律法规，防止因数字贸易法规不统一而不利于中国参与数字贸易规则谈判，同时也能促进中国数字贸易规则的输出。总体上说，可以与中国加入 WTO 时做出的承诺一样，修订国内法规以适应国际数字贸易规则，并适当地将国内法规引入到国际数字贸易规则谈判之中，达到国内外数字贸易法规相互协调和转化。

1. 根据中国的数字贸易发展实际在谈判中形成中国标准

数字贸易规则的制定不仅仅是制定国内相关规定，而是在国际数字贸易协议的不断谈判中形成自己的标准。当前普遍认为 RCEP 代表了数字贸易规则的"中国模式"，但是就未来数字贸易发展来看，中国应积极参与数字贸易谈判，如参与 DEPA 的谈判，共同探索数字贸易规则的多元化发展方向，并在此过程中构建数字贸易规则的中国版本。中国还应借鉴欧盟数字贸易规则，充分利用互联网安全例外规则，如文化与试听例外、公共政策目标导致的限制跨境数据流动的例外等。

2. 中国还应扩大数字贸易开放，积极探索更高水平的数字贸易规则[①]

全球数字贸易必将逐步实现自由化，中国应在数据跨境流动方面坚持逐步开放的原则。具体来说，首先应做好数据的分类分级工作，也就是将数据分为机密数据、重要数据和一般数据；对于机密数据禁止流动，对于重要数据应本地存储且经过审核后才能流出，而对于一般数据在符合个人信息保护法的基础上允许跨境自由流动。此外，应以国内各个自贸区尤其是中国（广东）自由贸易试验区为试点，探索粤港澳大湾区跨境数据流动带来的压力测试，为全国范围内数据跨境流动提供经验借鉴。

3. 提升数字贸易规则效能的转化能力，在实践中修正中国方案

当前中国存在企业利用数字贸易规则水平偏低、地方政府对规则构建和

---

① 林创伟，白洁，何传添. 高标准国际经贸规则解读、形成的挑战与中国应对：基于美式、欧式、亚太模板的比较分析. 国际经贸探索，2022，（11）：95-112.

创新的重视程度不够等问题。其中,企业利用数字贸易规则水平偏低的原因在于没有系统了解各自由贸易协定的相关规则,不能利用规则开拓市场和应对国外企业的诉讼。地方政府对规则构建和创新的重视程度不够的原因在于将精力主要放在数字实体经济的发展,缺乏规则意识和战略思维。为此,应加强规则的宣传学习和培训工作,扭转企业不重视规则的认识误区,发挥地方政府构建规则的积极性,提升中国数字贸易规则效能的转化能力,在实践中修正中国数字贸易规则的方案。

第三节 积极推行全球数字贸易治理体系

数字贸易自由化是未来全球数字贸易发展的趋势,但是由于当前中国对数字贸易采取较为严格的治理政策,需要进一步完善中国的数字贸易国内规则和积极开展对外数字贸易规则谈判,并实现国内外数字贸易规则的相互协调和转化。更为重要的是要以国内的自由贸易区为载体,试验与各项数字贸易规则对接,探索符合中国国情的实施路径。

一、完善中国国内数字贸易治理

(一)在保证安全的基础上实现跨境数据流动

1. 欧美等主要数字贸易经济体跨境数据流动治理的理念差异

国际社会普遍认为应实现跨境数据自由流动,但对于跨境数据自由流动的前提——数据安全问题则持有不同的意见。RCEP认为必须在确保安全(如国家安全、个人信息安全等)的基础上才能跨境自由流动;欧版数字贸易规则强调个人隐私并限制数据跨境自由流动;CPTPP与欧版数字贸易规则相反,CPTPP坚持认为数据自由流动高于个人隐私保护,强调全方位的跨境数据自由流动;USMCA则认为除了设置合法的公共目标外不得以任何理由限制数据跨境自由流动,包括剔除安全和监管例外,希望建立一个市场主导和行业自律的高水平跨境数据自由流动体系。造成这种治理理念差异的原因在于美国的互联网企业具有绝对优势,可以通过数字技术将全球数据汇聚到美国,从而形成对全球数据的管辖权;但是美国对于数据跨境自由流动也不是绝对的，其通过数据本地化要求加强对涉及敏感信息领域的国家安全审查；而且美国还通过《澄清合法使用境外数据法》赋予国内执法机构对境外数据的"长臂管辖权"。

欧盟对跨境数据自由流动的基本政策是促进数据在欧盟内部自由流动，但对数据流出欧盟则采取较多的监管措施。其原因在于欧盟缺乏强大的数据处理产业，因此欧盟防范美国、中国等数字大国利用数据优势威胁其数字主权独立和内部安全。欧盟强调个人隐私，将个人数据上升为人权，对欧盟外的国家限制跨境数据流动。欧盟通过《通用数据保护条例》规定个人数据可以通过欧盟委员会认定后向非欧盟国家流动，但必须经过烦琐和低效的评估程序；欧盟将企业间的个人数据出境后的保护通过标准格式合同（standards contractual clauses，SCCs）固定下来，明确有关数据控制者的责任。欧盟对于跨国公司内部数据流动的管理相对宽松，只要符合约束性公司准则（binding corporate rules，BCRs）的数据保护水平且经欧盟认可后就可以在公司内部自由流动；此外，欧盟还通过《通用数据保护条例》的"影响主义原则"对域外个人数据处理进行"长臂管辖"。

总之，当前除了美国主张数据跨境自由流动外，欧盟、日本以及其他发展中国家基本上都是主张有条件的数据跨境流动。美国认为数据跨境流动不能存在部门例外，且认为数据跨境流动高于个人隐私保护。欧盟、日本、澳大利亚等认为跨境数据流动要考虑个人隐私安全、文化例外等特殊情况，并且限制金融数据的跨境流动。发展中国家对数据跨境流动更加严格，如韩国要求个人数据的导出必须征得当事人的同意。

2. 在安全评估的基础上形成数据跨境流动的中国治理方案

如前所述，为了保障数据主权和安全，中国已经制定了《中华人民共和国网络安全法》来对数据进行监管，对于与我国法律法规冲突的信息则要求网络经营者停止传输，对于来自境外的违法违规信息则采取阻断措施。中国还制定了《中华人民共和国数据安全法》和《中华人民共和国个人信息保护法》，其中《中华人民共和国数据安全法》建立了数据安全审查制度，对可能影响国家安全的数据流动进行审查；《中华人民共和国个人信息保护法》规定"国家机关处理的个人信息应当在中华人民共和国境内存储；确需向境外提供的，应当进行安全评估。安全评估可以要求有关部门提供支持与协助"。

为实现跨境数据流动，同时又要保证国家安全、个人隐私和产业安全，应根据数据的重要性和泄露可能造成的危害进行分类分等级处理。《中华人民共和国数据安全法》明确提出"国家建立数据分类分级保护制度","国家数据安全工作协调机制统筹协调有关部门制定重要数据目录,加强对重要数据的保护",从而实现数据自由流动和安全的相对平衡。但是,《中华人民共和国数据安全法》只是在原则上对数据进行分类处理,没有可实施可操作的细化规则。

为应对当前跨境数据流动的迫切需求,提出以下细化的分类分级建议:对于个人信息而言,若涉及遗传信息、生物数据等,则应禁止流动;若只是个人身高、体重等一般信息,则经过同意后可以跨境流动。对于商业数据,企业在跨境数据流动前进行自行审查,必要时报相关部门审查后再流出;而对于金融、电信、医疗等行业数据则需要在评估并保证安全的基础上实施跨境流动;此外,根据数据出境后面临的风险和数据流入国的保护措施进行风险评估并采取不同的跨境数据流动审查措施。

(二)降低数据本地化存储和源代码公开的要求

数据本地化存储是指存储设施的物理位置必须在国界之内。在要求数据存储本地化方面,发达国家和发展中国家有不同的诉求。对于发达国家来说,采取本地化存储会增加跨国公司的数据保存成本,且不利于跨国公司的数据存储采取统一标准,因此在数字领域领先的美国基于其本身跨国公司的利益而反对数据存储本地化,其中 USMCA 完全禁止数据的本地化存储要求;对于发展中国家来说,数据本地化存储有利于其对数据进行监管,同时也有利于发展本地存储设备产业,因此 RCEP 认为缔约成员可以基于公共政策和安全利益要求数据存储本地化。在源代码公开方面,发达国家和发展中国家的治理理念也是相距甚远。发达国家如美国禁止源代码公开要求,不得以源代码公开作为市场开放的条件;发展中国家出于安全的角度考虑,一般会将源代码公开作为获取市场准入的门槛。

对于中国来说,在数据存储本地化和源代码公开方面,应完善内容审查制度,细化隐私保护条款,增加数据监管措施的透明度。一方面,可以要求涉及公共安全和关键信息基础设施的数据进行本地化存储或公开源代码;另一方面,中国应该保护知识产权,不得以公布源代码作为外国数字企业进入市场的准入条件。中国目前的法律法规还没有涉及源代码公开问题,但在《中华人民共和国网络安全法》和《信息安全技术移动应用网络安全评价规范》等法律法规中要求网络设备及网络安全产品须接受中国相关部门的安全审查,尤其是对影响国家安全的密码产品和服务进行审查。

(三)在数贸协定中纳入数字产品的非歧视性待遇

数字产品是可以数字化并通过电子传输的内容,主要包括各类计算机软件、文本、视听类视频、图像等。现有关于数字产品的非歧视性待遇规定主要来源于自由化程度较高的美版数字贸易规则:其中 CPTPP 要求缔约方实施数字产品的非歧视性待遇,但允许保留个别例外;USMCA 则将非歧视性待遇拓展到新闻广播,不再保留文化例外条款。RCEP 和 WTO 关于数字贸易的规则都没有明确数字产品的非歧视性待遇议题。

鉴于数字产品的非歧视性待遇是高水平数字贸易规则的重要组成部分,中国也将进一步扩大数字贸易对外开放,那么对于当前正在谈判的 CPTPP 和未来参与高层次数字贸易规则谈判来说,将数字产品非歧视性待遇纳入数字贸易规则是必不可少的,也是未来中国数字贸易治理日趋完善的重要步骤。

(四)继续免征电子传输关税和研究数字服务税

数字服务税(digital service tax)目前还属于数字贸易规则的新领域,主要数字贸易国家对数字服务税持有不同的态度。其中,法国、英国对数字服务征税持积极态度,而美国、澳大利亚则持反对态度。数字贸易规则的代表 UJDTA、CPTPP、USMCA 均包含不得征收数字服务税的条款,是永久性条款。RCEP 在电子传输免征关税方面则与 WTO 保持一致,即采取"临时性"免征税。

中国对于电子传输免关税政策持支持态度,认为应在 WTO 的框架下将免关税政策提交给部长级会议解决。中国作为数字贸易大国,在征收数字服务税已经成为大趋势的情况下,为做好应对方案,研究和探索适合中国数字贸易发展的数字服务税是当前的重要议题。

二、积极开展对外数字贸易规则谈判

当前欧美国家在数字贸易规则制定方面处于领先地位,为避免中国在全球数字贸易治理规则制定方面被边缘化,提升参与全球数字贸易治理的能力势在必行。国际贸易规则只有在缔约方认可的情况下才有效,总的来说中国开展对外数字贸易规则谈判的主要思路在于两个方面:一是加强与发展中国家的利益动员,起草和参与制定符合发展中国家的数字贸易利益的规则;二是加大与发达国家与地区如美国、欧盟、日本数字贸易规则的协调力度,共同制定全球数字贸易的新规则。

(一)加强与发展中国家的利益动员

当前中国在数字贸易治理方面主要侧重于电子商务方面,但是对数字贸易其他领域的治理也有需求,与大多数发展中国家具有共同的利益诉求,如与巴西都希望消除数字贸易壁垒,推动数字贸易便利化,与俄罗斯都希望在保证安全的条件下实现数据跨境流动,与印度、南非等国都希望降低数字贸易规则的标准[①]。共同的利益诉求为发展中国家在全球数字贸易规则制定上统一发出声音奠定了坚实的基础,但是需要有国家主导并联络发展中国家在 WTO 框架下的多边贸易体系及其他场合提出自己的主张。作为发展中国家的代表,中国有需要也有能力对其他发展中国家进行利益动员,制定符合发展中国家利益的数字贸易规则。

(二)加大与发达国家与地区如美国、欧盟、日本数字贸易规则的协调力度

如前所述,美国、欧盟主导了全球数字贸易规则制定,当前数字贸易规则的议题主要由美欧等经济体提出,体现了美欧数字贸易治理的理念,代表了发达国家和地区在数字贸易领域的利益。因此中国要想在数字贸易规则领域成为制定者之一,必须加大与美国、欧盟、日本数字贸易规则的协调力度。例如,在数据跨境流动方面的协调,美国、欧盟虽然跨境数据流动的规则不同,但它们通过约束性公司准则和跨境隐私规则体系(cross border privacy rules)互认的机制实现了数据的跨境流动。中国跨境数据流动的治理思路与欧盟接近,但还没有形成系统的跨境数据流动和监管体系,必须加强与欧美的对话与合作,探索跨境数据流动的中国方案。

---

① 汤霞. 数据安全与开放之间:数字贸易国际规则构建的中国方案. 政治与法律,2022,(12):26-38.

第六章　中国数字贸易强国建设对策建议[*]

第一节　持续加强顶层设计，下好数字贸易强国先手棋

当前，全球经济与贸易格局正面临重大调整，地缘政治冲突叠加逆全球化保守主义使全球经济发展面临更大的危机与挑战。同时，以数字技术为代表的第四次科技革命不断深化发展也带来数字贸易发展的新机遇。在此背景下，我国应顺势而为，积极推动数字贸易强国建设，率先针对数字贸易加强顶层机制与总体方案设计，制定总体要求，做好路径规划，为更高水平参与全球数字贸易竞争打好基础，更高质量构建新发展格局，助力贸易高质量发展。

一、制定总体要求

（一）指导思想

以习近平新时代中国特色社会主义思想为指导，全面贯彻落实党的二十大精神，坚持党的全面领导，完整、准确、全面贯彻新发展理念，加快构建新发展格局，着力推动高质量发展，对标国际高水平经济贸易规则，解放思想、大胆创新。以高标准建设数字贸易强国为目标，立足于全国数字贸易总体发展情况，聚焦数字货物贸易、数字服务贸易、数据要素贸易等领域发展数字新业态新模式，厚植数字贸易新优势，打造"数字链+贸易链"双链联动模式，积极打造具有国际影响力的数字贸易关键技术密集地、优势企业云集地、创新要素汇集地和经济发展新引擎，使数字贸易成为我国构建新发展格局、实现贸易高质量发展、建设全球贸易强国的重要支撑。

---

[*] 本章作者：陈和，广东外语外贸大学国际服务经济研究院院长、教授，中华人民共和国商务部外贸政策直报点负责人，广东省外经贸运行监测点负责人，广东省决策咨询研究基地主任；蔡鸿轩，广州城市理工学院管理学院教师。

（二）发展目标

到 2025 年，初步建成以贸易数字化和数字贸易化为重点的数字贸易强国，数字贸易发展新格局初步成型。数字贸易产业集聚效应逐渐明显，数字贸易市场主体逐步增长。数字营商环境有效改善，数字贸易自由化、便利化水平有效提升，国际竞争力持续提升，风险防控有力有效，适应数字贸易发展的法律法规逐步完善。

到 2035 年，数字贸易迈上新台阶，全面建成数字贸易强国，数字贸易发展呈现新格局。作为数字贸易的两大方面，数字贸易化水平蔚然成型，贸易数字化水平显著提升，数字贸易规模进一步扩大，数字贸易创新不断涌现，形成一批具有较强数字资源整合能力且有国际竞争优势的数字贸易领军企业，在京津冀、长三角、粤港澳大湾区、成渝等地建成世界级的数字贸易集聚区，打造以数字技术创新为核心的数字贸易高地。数字贸易强国的制度框架日臻完善，营商环境更加优化，实现数字贸易自由便利，在跨境投资、跨境资金流动、人员进出管理、数字货物及服务运输和数据安全有序流动等领域增强自由便利。在保障措施方面，数字贸易相关法律法规体系更加完善，数据要素风险防范体系进一步健全。

二、制订路径规划

建设数字贸易强国的路径规划主要包括推动贸易主体数字化转型、促进数字贸易量质齐升、数字贸易国际合作治理三个维度，从短期（2025 年前）到中长期（2025～2035 年）明确工作目标，确定重点发展领域，分阶段安排规划任务，有计划、有步骤地指引和推进我国数字贸易强国建设。

（一）贸易主体从管理数字化到创新数字化

短期，推动贸易企业管理驱动型的数字化发展，从传统 IT 基础架构、移动端、桌面端等多方面实现数字化管理转型。初步建成贸易企业数字能力体系，成功实施了业务操作的数字技术建设与利用，对于提高工作效能、商品品质控制和数据质量产生了明显的积极影响。同时，为大中型数字贸易公司企业业务流程管理（business process management，BPM）和企业资源计划（enterprise resource planning，ERP）技术的应用发展提供指导，创建一套软硬结合的技术方案，从而大幅度地提高企业数字化程度。引导中小企业运用财务流程自动化、协同办公平台、标准化人力资源管理产品等，实现管理环节数字化，通过定制化产品服务，推动数字化研究设计、智能化生产、数字化仓库运输、网络销售服务等业务活动。

中长期，推动贸易企业以创新为导向，依托云架构和移动端进行智能化运营。全面建成贸易企业数字能力体系，全面提升企业数字能力，打造柔性组织与智慧工厂，不断强化智能制造和数字化服务能力。促进大型数字贸易企业通过构建全局优化的开放体系，广泛面向需求、场景、角色，推动数据业务化和业务数据化。积极推动中小企业参与数字化生态系统，共同开发新产品、提供差异化的服务，应用产业链供应链核心企业搭建的工业互联网平台，加强大中小贸易企业协同数字化转型。

（二）数字贸易从量到质蓬勃发展

短期，在数字货物贸易、数字服务贸易、数据要素贸易等领域继续扩大贸易规模。在数字货物贸易领域，支持跨境电商发展，推动跨境电商综合试验区覆盖面提升，持续出台一系列数字货物贸易政策措施。在数字服务贸易领域，积极建设国家级的数字服务出口基地，努力培育具有全球竞争优势的数字服务企业，提升其在全球市场的竞争实力，进而推动我国数字服务贸易的稳健发展。通过降低服务贸易壁垒，放宽服务领域市场准入，加强知识产权保护，提供更多的数字服务产品和解决方案，提高跨境服务贸易开放水平，扩大服务贸易规模。在数据要素贸易领域，完善数据要素交易市场体系，大力培育数据要素市场，提高数据价值链的整合能力，推动数据要素加工、分析和运用的创新，开展数据资源确权、数据质量监测评估、数据资产评估定价和交易等研究，以提升数字贸易的附加值和竞争力。

中长期，引领全球构建数字贸易高质量发展的新格局，在数字货物贸易、数字服务贸易、数据要素贸易等领域全面提升贸易质量，彻底摆脱粗放式、高消耗和低效率的传统贸易生产和供给模式，推动向数字贸易价值链高端迈进，让我国成为全球数字贸易与数字贸易投资的主要支撑力量。对于数字货物贸易而言，稳固提升其在数字货物贸易价值链中的地位，努力增强数字货物贸易出口附加值，塑造诸如新的品牌、质量和科技等竞争优势。对于数字服务贸易而言，培育新兴的数字服务业态，助力服务贸易高效且可持续发展，持续强化数字服务贸易全球竞争优势，推动实现数字服务贸易高质量发展。对于数据要素贸易而言，为数据要素贸易提供可靠的安全保障和制度支持，加强数据出境安全的制度标准设计，开展个人信息跨境流动制度性对接，主导建立全球范围内的跨境数据流动规则和标准。

（三）数字贸易国际治理从被动适应到主动制定

短期，我国参与数字贸易国际规则治理方式以被动适应数字贸易国际规则为主。积极借鉴美国、欧盟等在数字贸易治理方面的国际规则与经验，如对CPTPP数字贸易规则、TTIP数字贸易规则等协定战略意图进行精准研判并加以吸收、利用，制定契合中国发展实际的数字贸易规则，在与其他国家签订的自由贸易协定中对接数字贸易规则，与"一带一路"共建国家缔结数字贸易条款，解决数字安全、市场监管等数字贸易关键问题[①]。

中长期，我国参与数字贸易国际规则治理方式以主动制定数字贸易国际规则为主。在此阶段，积极拓展数字领域合作伙伴和合作议题的广度，与数字贸易网络中的重要节点国家建立伙伴关系，逐步巩固中国在数字贸易领域的主导地位。遵循现有"双边+多边"合作机制，积极参与数字贸易领域下国际治理合作，推动WTO在数字贸易方面取得实质性进展，实现数字贸易规则由区域内发展向区域间发展迈进。主张完善数字贸易国际标准，在现有发达国家主导建立的数字贸易国际规制基础上实现突破，努力探索并向全球输出数字贸易治理"中国方案"[②]，在更多国际贸易规则制定中体现出中国规则、中国理念、中国智慧与中国力量，使中国在全球数字经济贸易规则制定中占据主动和主导地位。

三、锚定发展方向

（一）推动数字贸易化发展

第一，助推数字服务贸易发展。搭建数字服务贸易出口基地，集聚数字服务企业和专业人才，着力推动数字内容产品和服务、数字金融、数字技术

---

① 李钢，张琦. 对我国发展数字贸易的思考. 国际经济合作，2020，（1）：56-65.
② 张蕴洁，冯莉媛，李铮，等. 中美欧国际数字治理格局比较研究及建议. 中国科学院院刊，2022，37（10）：1386-1399.

等数字服务贸易重点领域发展。着力推动通信技术、计算机、互联网、云计算、区块链等数字技术服务贸易，推动向数字贸易价值链高端迈进。第二，推动数据要素交易的进步，优化数据要素交易市场结构，积极研究数据要素交易。促进公共信息的开放，建立和完善国家公共数据资源体系。加强数据要素多元化共治体系建设，在金融、能源、跨境电商等领域联合监管部门和行业协会共同打造数据联盟，实现行业内数据汇集和共享[1]。

（二）推动贸易数字化发展

第一，货物贸易数字化发展。积极推动我国企业自主建设跨境电商平台，多层次全方位推进和深化中国多个跨境电子商务综合试验区建设，支持跨境电商产业园建设成为跨境电商示范中心，吸纳更多优秀跨境电商企业入驻，以此促进上下游整个产业链的集聚与发展。创新跨境电商模式，实现跨境电商模式多元化发展，加快 1210、9610、9710、9810 等多种形态跨境电商模式在各地落地，推动出口退货返修、跨境进口保税备货退货、保税展示交易等新模式深入开展。建设跨境电商海外仓，丰富跨境电商保税仓服务功能，打造多个细分品类电商运营中心。第二，助推服务贸易数字化发展。丰富在线酒店、机票预订等服务的跨境电商模式，创新服务类跨境业态。探索服务贸易数字新模式，大力发展众包、云外包、平台分包等数字服务新模式。

第二节　畅通数字贸易渠道，下好数字贸易强国关键棋

一、加强数字贸易国际合作

（一）深化区域数字经济贸易合作

在多边层面、区域及双边层面积极开展数字贸易治理探索，积极参与数字贸易国际规则谈判，推进我国规则、标准等制度型开放，提升数字贸易便利化程度。第一，加强数字贸易谈判力度。积极参与 DEPA 等协定谈判，加强 RCEP 成员内部合作，不断做强数字贸易治理。借助自身在数字经济领域规模与影响力强大的特点，逐步提升我国在国际数字贸易规则制定方面的话

---

[1] 刘杰. 发达经济体数字贸易发展趋势及我国发展路径研究. 国际贸易, 2022,（3）: 28-36.

语权，持续加强在数字贸易领域的治理。第二，提升数字贸易合作深度。推动高水平对外开放，不断提升数字贸易领域的自由化。推动与"一带一路"共建国家在产业标准和市场准入方面的合作，加快推进"数字丝绸之路"建设。通过数字贸易市场准入的放宽，不断引进全球优质的数字贸易企业主体与资源，鼓励数字产业企业充分利用区域原产地规则，优化ICT产品供应链布局，激活我国数字贸易领域的国际竞争力。

（二）加强数字基础设施合作

第一，鼓励中国企业对外合作布局数字基础设施建设。在通信、互联网和卫星通信等领域，强化与"一带一路"共建国家以及RCEP成员国的合作，以实现互利共赢为目标，共同努力推进数字基础设施的普及与应用，消除"数字鸿沟"。鼓励重点运营商积极开展跨国投资和对外合作，支持数字经济平台型企业通过自建、共建等方式在发展中国家加速布局建设跨境数据中心，推动我国与他国在数字贸易、数字金融、数字治理等重要领域的发展。第二，鼓励境外企业来华共建共享数字基础设施。建立国家数据跨境流动试验示范区，建设跨境便捷交互的"国际数据港"，协同打造全球数据汇聚流转枢纽平台，提供便捷高效的数据流动通道，促进各国间的数字经济合作和信息交流。在保护国家秘密和个人隐私的前提下，探索共建特定领域数据非本地化存储数字贸易基础设施。加强国际互联网数据专用通道、功能型数据中心等新型数字基础设施建设，允许在主要自由贸易试验区设立离岸数据中心，提升境外跨国公司数据使用便利性。

（三）加强国际税收征收治理

第一，加强税收协定协调，共享数字贸易发展收益。为应对数字贸易对原有国家间税收利益分配格局的冲击，推动中国和各国坚持"共商、共建、共享"原则，协商修订新的有关"常设机构"认定条款的税收协议。在"一带一路"共建国家、RCEP成员国建立合理的税收政策，避免出现双重征税和非必要的税负以促进全球数字贸易发展，协同应对数字贸易发展的税收挑战。持续跟踪与分析OECD、欧盟及其他国家的数字服务税发展趋势，审慎预测其对于中国互联网公司产生的影响，深入理解如谷歌、Facebook等大型互联网公司的盈利移转等方式如何影响中国的税收状况。优化我国税务管理法规，针对数字经济非实体和高流动等特性，扩展常设机构的认定范畴，明晰税收的种类及其对应的税率。第二，加强税收政策沟通，奉行国际税收多边主义。中国作为拥有较多国际数字贸易平台企业的数字贸易大国，应加强与世界各国在数字贸易税收方面的政策沟通，预判各国的单边行为，以更好地维护我国"走出去"数字贸易企业利益和合理的国际税收规则。鉴于中国互联网公司的特性，我们应该通过使用多元化或者二元化的平台来增强同他国的交流互动，构建数字化税收谈判协作及争议处理体系，以防止各方重新陷入贸易保守主义和孤立主义。第三，借助数字信息科技手段，强化对数字化交易税收征收管理协助。我国应加强与"一带一路"共建国家、RCEP 成员国税务等有关部门的税收征管互助。一方面，与数字贸易主要合作伙伴共同建立数字信息平台，将税务信息进行共享和对接，以实现税收信息的快速传输和精准识别；另一方面，通过数字信息技术，推动我国税务部门同数字贸易伙伴税务部门开展跨国联合执法，共同打击跨境偷税、漏税、逃税等违法行为。

二、健全数字贸易规则

（一）加强数字贸易规制衔接

推进数字贸易领域规则衔接，营造良好的数字贸易发展环境，在贸易便利化、市场准入、数据跨境流动、数字知识产权保护等方面更主动地参与相关规则制定。在贸易便利化规则方面，做好与 RCEP、DEPA、CPTPP 中的贸易便利化措施衔接。将数字货物进出口环节监管证件统一纳入"单一窗口"受理，最大限度地实现通关物流环节单证无纸化。进一步督促指导各地方口岸管理部门落实口岸收费目录清单制度，做到清单之外无收费。积极推进与 RCEP 成员国"经认证的经营者"（authorized economic operator，AEO）互认合作。在市场准入规则方面，按照《服务贸易总协定》和区域及双边贸易协定积极推动数字贸易所涉商品或服务的市场准入，重点衔接数字产品非歧视待遇、服务市场准入承诺等数字贸易规则。在数据跨境流动规则方面，优化数据要素流通的管理流程，鼓励建立行业间的信任和认同，并增强不同领域、地域和国家的知识与技术的分享能力。积极参与 WTO 和 RCEP 区域跨境电子商务谈判，加强跨境数据流动和本地化规则衔接，如积极对接在数据交互、分类分级、业务互通、监管互认、服务共享等方面的数据跨境流动规则，共同构建一个开放、互信、有序的数据跨境流动环境。在数字知识产权保护规则方面，加快搭建数字知识产权海外维权渠道和争议解决机制，形成对标国际高标准的数字贸易知识产权保护和服务体系。加快建立数据知识产权保护规则，加强数据知识产权登记规则和登记系统的顶层设计。例如，在国际版权保护期限普遍为70年的趋势下，考虑修改《中华人民共和国著作权法》对于版权的保护期限的条款以充分保护权利人的利益，并根据不同情形增设相应条款，缩小与国际规则之间的差距。

（二）构建中国特色数字贸易规则

积极探索跨境数据流动、数字贸易监管、数字贸易便利化等领域先行先试，构建中国特色数字贸易规则。

1. 健全"中式模板"跨境数据流动制度

健全跨境数据流动制度，持续提升中国对海外信息的管控能力，进一步优化我国数据跨境管理体系。第一，促进跨境数据开放流动。结合《中华人民共和国数据安全法》等相关要求，建立健全数据跨境流动管理制度，同时尽快推进以数据分级分类管理模式为核心的跨境流动安全评估，促进跨境数据开放流动。对于不涉及个人信息或者重要数据的国际贸易、学术合作、跨国生产制造和市场营销等活动中产生的跨境数据，简化数据流动管理流程，不断优化申报数据出境安全评估、订立个人信息出境标准合同、通过个人信息保护认证等内容。第二，加强跨境数据流动监管。健全跨境数据监管制度，通过设置数据标签等方式明确跨境数据的使用目的和规范，持续优化"数据出境安全评估"、"个人信息保护认证"和"个人信息出境标准合同"三大数据出境事前监管机制，提高数据监管效率，维护数据跨境流动中涉及的国家安全、社会公共利益和个人信息主体权益。

2. 完善"中式模板"知识产权数字贸易规则

完善知识产权保护政策，增强我国对知识产权保护的意识，避免短板带来贸易损失。引导各省区市积极出台知识产权保护相关政策法规，鼓励跨境电商企业在境外注册自有商标。鼓励各自由贸易区、数字服务出口基地等数字贸易平台建立国际知识产权注册、贸易、维权的体系，加强知识产权保护，以吸引海外知识、信息密集型企业进驻平台。对于具有深远文化影响力的中国文化产品，尽可能研究数字内容服务和知识产权保护的相关原则规定，并适当调整知识产权豁免政策。

3. 复制推广"中式模板"数字贸易便利化机制

总结各类数字贸易便利化举措，将先进的数字贸易推进机制复制推广至全国范围。在跨境货物贸易上，尤其在跨境电子商务等优势领域，着力推动实现跨境货物贸易便利化的规则制定，构建跨境电子商务标准框架，解决跨境电子商务难题，如不断推广优化"单一窗口""电子口岸""海外仓"在内的数字贸易便利化等诸多举措，在合适条件下将自贸区等数字贸易先行先试平台模式复制至其他区域，形成中国特色数字贸易便利化规则，为数字贸易参与主体提供便利。

案例：主要发达国家和地区数字贸易国际合作主张

1. 美国数字贸易国际合作主张

一是主张信息和数据跨境流动。美国是全球互联网和数字技术最为先进的国家之一，因此信息和数据的自由流动对于美国来说极其重要。美国发布《跨太平洋伙伴关系协定》，提出"数字贸易24条"，出台《国家安全战略报告》等，要求允许数据的跨境传输，防止信息数据本地化，禁止利用网络阻挡或过滤数字内容，在数据流动领域清理歧视性和保护主义政策。

二是坚持数字产品贸易免税。美国在"数字贸易24条"以及在针对WTO联合声明的新议案中指出，应完全禁止对数字内容产品征收关税，要求数字产品的非歧视待遇，确保数字音乐、数字视频、软件等数字产品不受关税影响自由流动。

三是注重网络安全。随着美国的数字技术迅速发展，相关技术多处于垄断地位，网络安全问题受到美国政府的高度重视。美国先后出台《国家网络战略》《国防部数字现代化战略》，确保网络和数字安全、促进跨境数据自由流动、确保企业使用安全的加密技术、保护企业的源代码、维护知识产权、维持数字贸易秩序等。

2. 欧盟数字贸易合作主张

一是欧盟成员内部数字产品和服务自由流通。欧盟数据跨境流动较为狭窄，在出台的《数字化单一市场战略》中指出应破除法律与行政壁垒，主张数据在成员内部的自由流动，而非在全球范围内流动。

二是注重网络安全。欧盟出台的《数字化单一市场战略》指出，应加强对数据信息的管理，促进各国进行网络平台合作，重点维护数字安全，推动网络安全技术防范水平提升。同时，在《通用数据保护条例》中提出赋予欧洲公民个人数据获取、安全转移、删除、被窃等权利，保护个人信息安全。

3. 日本数字贸易合作主张

一是数字知识产权保护。日本在CPTPP、《欧日经济伙伴关系协定》和UJDTA中提出，禁止强制公开源代码和算法，禁止政府对包括加密技术在内的特定技术的使用施加任何强制性要求，禁止政府通过不正当程序获取数字知识产权。

二是根据缔约对象的核心立场调整规定。日本对于不同数字贸易相关缔约对象国，将会灵活调整协定关于数字贸易领域的规则标准。例如，日本与欧盟缔结RTA（regional trade agreement，区域贸易协定）时，由于欧盟在"不允许跨境数据自由流动"上态度坚决，日本同意暂时不在协定文本中就"数据的自由流动"做出实质性规定[1]。

第三节 打造数字贸易优势，下好数字贸易强国制胜棋

一、搭建数字贸易平台

（一）主导建设数字贸易平台

1. 主导搭建政府间国际数字贸易平台

积极主动搭建"一带一路"等国际型数字贸易平台，加强"一带一路"

---

[1] 周念利，吴希贤. 日本参与国际数字贸易治理的核心诉求与趋向分析. 日本研究，2020，（3）：33-43.

共建国家之间的互联互通和经济合作，通过建设数字基础设施、数字支付解决方案等，促进数字贸易的便捷和流动性。

第一，主导建设"一带一路"海外云数据平台。发挥亚洲基础设施投资银行等机构作用，推动"一带一路"共建国家数字贸易平台建设，联合外国政府共同建设海外云数据平台，打造海外数字贸易发展平台基地，加强跨境数据储存、处理、分析能力，不断提升海外云服务业务能级。

第二，主导建设政府间国际数字贸易综合服务平台。借助中国国际贸易"单一窗口"，创新推出一站式的跨境电子商务公共服务网点。聚焦"一带一路"共建国家普遍关注的促进出口、本币结算、易货贸易、监管互认等实际需求，在平台上完善跨境支付结算、跨境新型易货贸易、航空物流、纳税人供应链信息查询等服务功能。借鉴上海合作组织经验，面向上海合作组织等政府间组织的地方经济贸易领域，持续完善中国—上海合作组织地方经贸合作综合服务平台，为数字贸易主体提供集"贸易+通关+物流+金融"为一体的全周期、全要素、全链条一站式综合服务。

2. 健全完善国内高层级数字贸易平台

第一，推动自由贸易试验区打造数字贸易发展主战场。一是建立自由贸易区数字贸易平台，积极应对贸易供需不平衡的挑战，并为企业提供便利的数字化贸易环境和全方位的服务支持。整合跨境电商、数字支付、物流配送等多个数字贸易要素，为企业提供一站式的数字贸易解决方案。同时，搭建数字贸易创新实验区，鼓励企业探索新的商业模式和技术应用，推动数字贸易的发展和创新。构建较大规模的数字贸易在线平台，以实现自由贸易区内的相关产品和服务的快速供需匹配，并在此平台上推进贸易信息的共享合作。二是组建自由贸易区贸易大数据中心。推动自由贸易区所在地的政府主导建立大数据中心，鼓励该区域内的各类企业参与并分享数据。通过数据处理和加工，推进大数据中心实现与数字贸易企业共享信息，从而帮助企业更深入地了解市场需求和竞争状况，为产品和服务的开发提供更精确的指引。三是加强数据安全，防止数据泄露。通过强化自由贸易区数据安全管理、技术手段应用、提升安全认知以及相关政策和标准的制定，同时保障数据市场公平，避免数据泄露和垄断，为自由贸易区创造一个安全可信赖的数据环境，并为大数据的使用和进步提供持续的支撑。

第二，做大做优跨境电商综合试验区。推动跨境电子商务综合试验区不断扩围，构建跨境电商高标准、高质量贸易网络，更好推动数字货物贸易发展。在跨境电商综合试验区内积极发展跨境电商产业园区，优化国内国际双循环产业链和供应链。利用跨境电商综合试验区政策优势，不断提升我国全球跨境电商集成分销平台能级，鼓励数字贸易跨国企业在"一带一路"共建国家展开跨境电商分销中心布局，整合多赛道跨境电商供应链、物流、支付、清关等环节，优化跨境电商零售进口。依托跨境电商综合试验区优势条件，构建遍布世界的海外仓网络，加大与跨境电商专业买家的协作强度，不断改善跨境电商全球资源配置水平。借助跨境电商综合试验区持续加码的政策优惠力度，建设跨境电商大数据平台，提升跨境电商公共服务平台能级，引入专业服务机构的海关、物流、数字化营销和金融支持等跨境电子商务基本服务，助推跨境电商做大做强。

第三，创新数字服务出口基地。不断创新扩围数字服务出口基地，打造数字贸易重要载体和数字服务出口集聚区。一是打造数字服务产业生态环境，激发各地区在软件开发、大数据处理和云计算等方面的发展潜能，释放数字服务出口潜力，形成从数据生产、收集、存储到数据加工、解析和提供的完整数字服务产业链，包括大数据、集成电路、人工智能、数字技术的创新运用以及数字产业与金融服务这五个主要行业类别。二是提高数字服务产业发展品质，持续吸引高新技术企业、研发机构进驻基地，为数字服务产业提供技术支撑。三是打造带动服务贸易产业发展的新引擎，推动基地软件外包业务，由开发测试低端业务向核心研发业务转变，逐步形成自主研发核心产品和高端服务，依托数字贸易领域骨干企业，提升产业创新能力。

第四，探索建设数字贸易示范区。在自由贸易区、经济技术开发区、国家数字服务出口基地等基础上发展数字贸易示范区。依托自由贸易区、经济技术开发区、国家数字服务出口基地，积极探索国际高标准数字贸易规则对接、数字服务市场准入机制，改善跨国数据流通流程，并开发新兴数据标准化采集方法及数据监控管理系统。继续提升数字贸易示范区的整体规划，以促进技术与政策两方面的创新，打造出具有竞争力的数字贸易聚集新高地，从而推动数字贸易的发展。

3. 持续支持龙头企业搭建数字贸易平台

鼓励国内龙头数字科技企业，持续优化数字贸易平台建设，推动数字贸易主体广泛参与全球数字贸易和国际供应链合作。例如，鼓励支持阿里巴巴国际站优化企业型数字贸易平台，做强面向全球企业的 B2B 跨境电子商务，链接来自世界各地的电子商务主体，帮助建立贸易关系，不断促进国际贸易。同时，支持数字贸易龙头企业搭建一系列其他数字贸易相关服务平台，包括支付解决方案、物流和供应链管理、金融服务等，以支持企业在全球范围内开展数字贸易活动。

（二）参与建设全球数字贸易平台

1. 参与搭建国际型数字贸易平台

积极探索国际型数字贸易平台建设，持续参与金砖国家、RCEP 成员国等区域性数字贸易平台建设合作。不断推动参与金砖国家在数字经济领域的合作，寻求共同解决数字贸易问题的方法，分享最佳实践，并推动数字贸易的创新和发展。积极参与 RCEP 数字贸易平台建设，鼓励 RCEP 成员国数字贸易合作，共同建设共性技术支撑、数据资源交易合作、跨境数字贸易营销、数字贸易应用场景展示、大数据分析应用、数字内容宣发等数字贸易领域公共服务平台，推动数字贸易的便捷性和流动性，同时确保数据的隐私和安全。

2. 参与完善专业型数字贸易平台

积极推动数字技术、跨境电商、数字内容等专业领域数字贸易平台建设。第一，在数字技术领域，携手数字研发国际商会，优化并提升海外数字贸易科研平台构建，同时培育助力诸如物联网、大数据、云计算、人工智能及区块链等数字化创新企业成长。第二，在跨境电商领域，加强与各国跨境电商国际组织联系，主动参与跨境电商国际平台建设，鼓励与重要"一带一路"共建国家的数字贸易跨国企业互相展开跨境电商分销中心布局，共同助推全球跨境电商做大做强。第三，在数字内容领域，加强与数字内容相关国际商会联系，积极推动数字内容平台建设，共同参与着力推进数字动漫、电子游戏、数字表演艺术、网络视听、数字阅读等领域的数字贸易发展。在数字知识产权领域，应更加积极地融入国际数字版权市场，推动各国的数字版权交易活动，以此来深化我国数字版权贸易水平。

二、做强数字贸易市场主体

做强数字贸易市场主体，构建领军企业创新引领的数字贸易发展体系，既要注重加强数字贸易头部骨干企业引进培育，又要鼓励中小企业向数字贸易转型发展，还要实现大中小企业融通发展。积极推动数字贸易企业海外发展，加快国际市场布局，巩固我国数字贸易的大国地位。

（一）引进培育数字贸易头部骨干企业

着力引进数字贸易头部企业。推动数字经济、互联网等领域持续扩大开放，全面实行外商投资准入前国民待遇加负面清单管理制度，有序扩大增值电信服务开放，在海南自由贸易港、国家级自由贸易试验区等地先行先试符合高质量发展需要的数字领域新模式、新技术和新规则。在研发设计、工业互联、信息服务等数字贸易领域，自美国、欧盟、日本、韩国等发达国家和地区引进一批具有较强数字资源整合能力的数字平台型头部企业，大力招引数字贸易细分赛道跨国企业地区总部和研发中心进驻中国，协同创新数字贸易合作商业模式，支持外商在我国建立区域数字贸易总部和创新研发中心，提升全球数字资源配置能力，助力数字贸易领域头部企业提升产业链带动能力、研发创新能力、市场主导能力，充分发挥"头雁作用"。

培育数字贸易骨干企业。在数字技术贸易领域，积极扶持诸如物联网、大数据、云计算、人工智能和区块链等领域的数字化科技公司的发展，大力推进物联网核心技术及产品在物流、储运、供应链管理等贸易领域的示范应用，促进先进的数字技术与数字交易、跨境付款和跨国清算等方面的高度整合，从而培育出一批具有影响力的数字技术领导者。在离岸数字服务外包企业领域，引导企业积极发展具有高附加值的离岸数字服务外包业务，支持离岸服务外包企业进一步提升接包能力，培育一批创新突出的数字服务外包骨干企业。在跨境电商领域，支持跨境电商企业自建跨境电商独立站与海外仓，同时引导企业引入人工智能、VR/AR[①]、区块链等数字前沿技术，支持跨境电商企业运用数字技术构建自主国际营销网络。在数字内容创意领域，支持骨干企业推动中国文化"走出去"，聚焦中国文化特色鲜明的IP，大力推动数字文化创意产品开发，推动数字内容创意行业的

---

① VR 表示 virtual reality，虚拟现实；AR 表示 augmented reality，增强现实。

发展和国际传播。

鼓励头部企业"走出去"。鼓励和支持数字贸易头部企业通过新设、并购、合作等方式，借力对外合作龙头企业和对外投资重大项目"走出去"，引导数字贸易头部企业国际化发展。推动与海外电子商务平台投资合作。鼓励国内电商企业以投资入股的方式加入"一带一路"共建国家、RCEP成员国等的电子商务平台。积极推动云服务在海外市场发展。推动阿里云、华为云、腾讯云、百度云等国内云服务企业加速出海，在各地开展云服务。加强与欧洲国家的数字技术合作。加快建设境外数字贸易研发中心，共同参与数字贸易核心技术研发，实现双赢。

（二）鼓励数字贸易中小企业发展

大力孵化数字贸易小微企业项目。助推高等教育机构为数字化交易领域提供专门服务，以培养出一群有潜力创新与创业的小微型企业。支持大学生创新创业培训中心、科技创新公司及孵化器的建设，共同打造数字贸易专业化创客空间，形成贯穿由项目遴选、数字科技成果转化到项目运作全流程的数字贸易孵化促进体系。

培育数字贸易中小企业。构建高标准数字贸易中小企业综合评估系统，建立从数字创新型中小数字贸易企业、专精特新中小数字贸易企业到专精特新"小巨人"数字贸易企业的梯度培育体系，通过政策引导，推动要素资源向数字贸易优质中小企业集聚，引导数字贸易领域中小企业向专精特新方向发展。充分发挥专精特新"小巨人"数字贸易企业在专业化领域的示范和引领作用，以点带面，促进行业中其他中小企业更好地发展。重点扶持远程医疗、在线旅游、远程教育、科技金融、短视频、数字音乐、数字电影、数字图书等数字贸易细分领域创新型企业，推动形成数字贸易多领域深度融合、开放协同、平台化、共享化发展。

（三）鼓励大中小企业融通发展

鼓励数字贸易领域大中小企业融通发展，加强产业协作，形成数字贸易出口协同发展联盟。充分发挥数字贸易园区集聚效应，支持中小企业与头部骨干企业开展协作，形成有竞争力的数字贸易企业生态网络。

大中小数字贸易企业融通发展主要包括数字贸易供应链融通、创新链融通和产业链管理融通三个方面，营造大中小企业融通发展产业生态。一是促进数字贸易供应链融通。开展数字贸易供应链合作伙伴计划，发挥大企业稳链固链作用，带动中小企业"上云上平台"，促进供应链上下游供应关系稳定、供需信息互通、资源要素融通。二是促进数字贸易创新链融通。引导各类数字贸易企业入驻数字贸易服务平台，持续支持大企业围绕共性和关键技术需求，加强上下游资源整合组建产学研联盟，吸纳中小企业参与并开放使用数字创新技术，提高创新资源使用效率。三是促进产业链管理融通。加快5G、人工智能、工业互联网等新一代信息基础设施建设，鼓励大企业自建工业互联网平台连接中小企业实现网络化融通，支持中小企业利用第三方平台"上云"补齐数字化短板，加快全产业链数字化、网络化转型。

三、夯实数字贸易产业基础

当前，全球以数字科技为代表的第四次科技革命不断深化发展。在此背景下，我国应抢抓数字科技革命白热化战略机遇，实现产业数字化与数字产业化发展并驾齐驱，为构建数字贸易强国夯实产业基础[①]。

（一）促进产业数字化转型

1. 推动制造业数字化转型

第一，推动制造业企业"上云""用数""赋智"。"上云"：聚焦转型升级需求迫切、带动效应大的制造业，包括装备制造、电子信息、汽车、家电、服装、建材、家具等重点行业，深入推进工业互联网创新发展，将一批大型制造业企业打造为行业云平台和"上云"标杆企业，推动更多中小制造业企业加快数字化转型。"用数"：加快大数据产业发展试点示范项目建设，引导制造业企业充分利用大数据应用平台，更深层次地推进大数据融合，实现产品创新、服务创新、模式创新。"赋智"：围绕研发设计、生产管控、产品营销、供应链管理等多个环节，运用工业互联网新技术与新模式实现制造业企业数字化、网络化、智能化升级，进一步降低经营成本，提升生产效率和产品质量。

---

① 曹宗平，黄海阳. 中国数字贸易发展的协同关系与路径探索. 华南师范大学学报（社会科学版），2022，（1）：130-140，207.

第二,深化工业互联网融合应用。打造不同行业融合发展的综合型工业互联网平台,重点关注数字贸易行业特色发展,塑造发展特定数字技术领域的专业型平台。通过这些工业互联网平台的建设,实现工业互联网节点覆盖。推动和支持各级政府积极帮助企业接入本地工业互联网平台,并实现与上一级网络节点的连接,推动国家和地方之间纵深的工业互联网体系构建,推动制造业企业运用工业互联网平台,助力生产过程智能化、互联化升级。

2. 推动服务业数字化创新

在生产性服务业领域,推动大数据、物联网等数字前沿技术在电子商务、物流、展会、科技服务、金融服务、工业设计等生产性服务业数字化创新应用,重点扶持"互联网+"服务业新业态骨干企业,鼓励跨平台融合发展,针对企业及行业异质性需求,提升数字生产性服务产品供给能力,实现传统服务数字化升级和创新数字化服务并驾齐驱。打造生产性服务业数字化平台,围绕现代服务业发展需求,整合优势资源,打造一批涵盖战略规划、业务流程优化、技术创新和数字化能力培养建设等领域的生产性服务业数字化服务平台,加快生产性服务业各行业协同研发,促进数字化创新成果的共享与推广,提升发展成效[①]。在生活性服务业领域,强化大数据、云计算、人工智能等数字前沿技术在生活性服务业的数字化创新应用,通过整合大数据资源、优化服务流程、开发智能化产品和平台,提供更个性化、便捷、智能的数字生活性服务,满足现代生活需求。

3. 通过数字化支撑产业链畅通循环

推动研产供销服各环节、人机物料法环各要素和各系统间数据互通、信息互享,积极发挥数字技术在产业链供应链保通保畅、产业运行监测等方面的重要作用,驱动产业内和产业间的连接、整合、融合和协同发展。发挥大数据、云计算、人工智能技术等既有优势,带动新零售、新制造通过智能骨干网络打造全连接闭环,促进产业链畅通循环,推动数字前沿技术与上下游产业链深度匹配融合,构建与数字贸易产业相互依存、高效协同的产业生态。

---

① 姚国章. 加快服务业数字化转型的路径选择. 群众, 2022, (14): 51-52.

（二）加强数字关键核心技术攻关

1. 自主研发工业软件和系统

提升数字贸易基础软件和关键技术应用软件系统的自主研发能力。推动云操作系统、智慧终端控制系统、嵌入式控制系统及其相应方面的应用软件开发。针对重点产业，开发工控技术及覆盖全生命周期的产业应用软件服务。自主开发工业软件和操作系统，形成我国的开源软件生态圈。一是强化数字贸易产业关键核心技术基础研究，重点研究数字贸易领域操作系统和数据库软件技术，强化与基于国产处理器构建的整机的适配。在制定数字贸易标准的过程中，各个环节需要协同配合并且联动发展。统筹推进数字贸易各环节联动协调发展，强化创新链整合协同、产业链协调互动和价值链高效衔接，创造数字贸易基础研究和技术创新衔接的绿色路径。二是不断壮大我国开源基金会，快速形成完备的开源软件生态体系。加快推进国内数字贸易开源开放社区建设，形成创新数字贸易参与者平等获取发展收益的运营机制，积极推动我国数字贸易企业在开源基金会共享软件代码，促进数字贸易企业之间的合作与创新。不断探索数字贸易重点领域研发工业软件以及嵌入式系统核心前沿技术，运用多样异构系统中间件技术在不同系统之间实现互联互通。

2. 芯片自主设计与制造

培育先进专用芯片生态，推动计算芯片、存储芯片等关键领域自主研发设计，为芯片生态系统的健康发展提供有力支撑。一是加强芯片基础理论框架研究，加快云侧、边侧、端侧芯片产品迭代，以满足超级计算、云计算、物联网、智能机器人等数字贸易新领域的发展需求。二是加强国内芯片与算法框架平台的建设和优化，提升操作系统的适配能力，确保芯片和算法之间的良好配合，提供稳定、高效的计算平台，以满足音视频分析、异构计算、科学计算等主要场景的需求。三是提升自主芯片设计与制造能力，加大面向新型计算、5G、智能制造、工业互联网、物联网的芯片设计研发制造部署，实现国产芯片替代。这一切的关键在于要在被国外控制的技术上（如半导体设计软件、高质量单晶硅材料加工、光敏树脂、极紫外光源、光学镜片、等离子体刻蚀机等方面）取得重大进展，推动 10 nm 和 7 nm 工艺生产线建设，大力推动芯片级封装、圆片级封装、硅通孔和三维封装等研发和产业化进程，在电子设计自动化（electronic design automation，EDA）软件方面实现新突破。四是鼓励创建专门的芯片开发者社群，协同行业构建针对专用芯片综合评估系统，以此来提升其品质和稳定性，从而助力中国在新型芯片的设计和制造方面的进步，为建设数字贸易强国提供有力支撑。

3. 关键核心技术融合发展

借助数字交易产品的试验、市场性和工业化导向，加快工业芯片、智能传感器、工业控制系统、工业软件等融合支撑产业培育和发展壮大，夯实数字贸易工业基础。加快研发适应我国数字贸易需要的核心技术产品，建立全国性的适配认证平台，促进软硬件适配工作的顺利进行，提高产品质量和稳定性，加速在数字贸易领域市场推广和应用落地。推动政务、电信、金融、医疗、能源、建筑、制造等行业融入国内核心技术生态，鼓励引导更多行业参与数字贸易核心技术生态建设。积极建设数字贸易生态创新基地，落实科技创新引领产业发展的战略定位，推进科研成果的转化和商业化应用。

4. 布局战略性和前沿性技术

锚定可能引发数字贸易领域范式变革的关键路径，前瞻布局具有战略意义、领先地位、独创性和革命性的数字贸易领域科技项目。加强人工智能、量子信息、集成电路、空天信息、仿人型计算机、神经元芯片、基因储存、脑机接口、数字孪生、新型非易失性存储、硅基光电子、非硅基半导体等关键前沿领域的数字贸易战略研究布局和技术融通创新。

(三) 加快数字产业化发展

1. 加强云计算技术研发和产业化

支持发展容器、微内核、超融合等新型虚拟化技术，研发突破超大规模分布式存储、计算资源管理等云计算方向理论基础与关键技术。加快研发云计算操作系统、桌面云操作系统、分布式系统软件等基础软件，推动核心云基础设备的研发和产业化发展。大力发展自主可控的国产服务器、国产存储设备。推动与云计算配套的软件和信息服务业的发展，完善云计算产业生态体系。

2. 完善大数据产业链

夯实数据基础设施建设，开放公共数据资源，推广应用大数据技术，建立和完善涵盖数据采集、数据存储、数据加工、数据分析、数据可视化、数据交易等环节的大数据产业链。建设大数据产业园或大数据产业基地，促进大数据产业集聚发展。

3. 大力发展人工智能产业

一是完善人工智能基础理论体系，开展人工智能与神经科学、认知科学、心理学、社会科学等基础学科前沿交叉研究。二是建设发展人工智能开源社区，构建人工智能公共数据集。推动人工智能开源框架发展，打造开源软硬件基础平台，构建基于开源开放技术的软件、硬件、数据协同的生态链。围绕国家战略和产业需求，加快人工智能关键技术转化应用。三是促进人工智能重要应用领域的发展。规划建设一批机器人产业园区，促进机器人产业集聚发展。加大智能汽车研发力度，推进无人驾驶汽车研发生产，推动泊车辅助、并线辅助等先进技术研究和应用，提高汽车智能化水平。

4. 发展数字内容和数字创意产业

加快构建高质量数字内容服务体系，促进数字内容和信息网络技术融合创新。构建数字内容服务体系主要包括以下几个方面：一是聚焦数字动漫、电子游戏、数字表演艺术、网络视听、数字阅读等领域，充分发挥全球领先的数字内容平台和在线应用商店的集聚效应，开发数字内容产业的原创精品IP和企业品牌，推动数字内容产业向重内容、移动端和多元融合转变。二是鼓励发展搜索引擎与社交媒体服务，加快培育专业化的垂直搜索平台以及满足用户细分需求的社交媒体平台。三是大力推动文化创意产业应用数字化技术，发展流媒体、电子竞技内容分发、微交易、视频点播、订阅式音乐流等新领域、新模式、新业态。四是通过数字化手段推动"中国文化"品牌建设，倡导通过数字载体和形式讲述"中国故事"，提升我国原创内容的海外影响力。支持创作和推广中国特色数字内容，增强我国文化的国际传播能力。

四、引培数字贸易人才

培育引进数字贸易人才、构建完善的人才体系对于加快建设数字贸易强国至关重要。中国应利用现有贸易优势，积极开展各类数字贸易人才培训，引导当前传统贸易从业人员向数字贸易专业人才转型，各级政府应充分发挥高层次人才服务支持与保障功能，加快打造数字贸易领域多层次复合型人才团队，以满足数字贸易发展需求，助推数字贸易强国建设。

（一）创建数字贸易人才集聚高地

不断提升数字贸易人才服务平台能级，在全国各地打造国际一流数字贸易营商环境和人才生活配套条件，对国际型数字贸易发展所需的各类优秀人才和高端人才的住房、子女就学等配套服务给予保障。一是加强地区联动，用好人才公租房、共有产权房等政策，加大对数字贸易紧缺急需人才住房支持力度。二是统筹国际医院、国际学校优先向数字贸易集聚区等重点区域布局，做好各类人才医疗、子女入学保障服务。三是加快数字贸易国际人才社区建设，推进国际人才属地化管理，支持各区因地制宜，提升国际人才工作、生活等全方位配套水平，打造"类海外"宜居宜业环境。

（二）持续推进人才生态优化

在数字贸易高层次人才培养计划中设立领军人才专项，造就一批数字贸易领域领军人才和创新团队，系统性开展数字贸易理论和实践研究，组织领军人才开展专题论坛，提升整体行业综合素质和创新能力。研究出台更加开放的引进高端人才停居留政策和出入境便利举措。支持建立人才柔性流动机制，探索数字贸易零工经济等灵活用工模式，实现人力资源自由流动与精准匹配，营造宽松的职业发展环境。以完善全流程国际数字贸易人才服务为导向，优化"一站式"服务窗口和服务站点布局，打造"落地即办、未落先办、全程代办"服务体系。便利外国人境外数字贸易人才来华就业，支持优秀外国留学生在数字贸易领域创新创业。允许境外人才在数字贸易集聚区享受一定程度的个人所得税减免政策，加速数字贸易领域高端人才在华集聚。

（三）培育基层数字贸易人才

1. 鼓励企业员工向数字贸易领域转型

鼓励企业加大基层人才供给力度，助推数字贸易人才转型。鼓励企业积极制定数字贸易人才全流程培养战略，积极打造企业内部员工数字贸易专业转岗培训中心。以外贸企业设置数字贸易专岗为目标，有针对性地加大基层数字贸易人才供给。持续实施数字贸易人才和员工规范化培训、转岗培训。

2. 鼓励高校培育数字贸易人才

鼓励高校培养数字贸易急需紧缺人才。支持高校、科研院所与数字贸易龙头企业共建多元化数字贸易培育体系。引导高校充分满足数字贸易社会发展需求，加强与国内外专业数字贸易行业协会及企业协同合作，统筹相关学科力量，探索培养兼具数字技术、贸易、法律和管理学等知识背景，具有较强的数字贸易战略规划和管理能力，以及数字贸易实务问题处理能力的复合型人才。加快构建面向数字贸易前沿需求的人才培养模式，支持高校设立数字贸易专业方向，扩大招生规模，推广产教融合的教学模式，加强与企业合作，建立国家级数字贸易人才培训基地，大力培养既具备数字化思维能力，又熟悉行业业务模式及流程的复合型"数字贸易工匠"。

第四节　完善数字贸易配套，下好数字贸易强国辅助棋

一、推动数字贸易基础设施建设改造升级

（一）完善外贸企业生产数字基础设施

在数字贸易企业生产环节，推动工业互联网 IPv6 升级改造，主要包括推动企业生产网络、工业互联网平台、标识解析节点支持 IPv6，加快企业生产内外网络和工业互联网平台软硬件 IPv6 升级改造。探索基于 IPv6 的新型工控网关，推进新增解析节点优先支持 IPv6，实现数字贸易企业生产环节内外网络互联、数据互通、网络应用创新。

（二）完善货物流通数字基础设施

在货物流通环节，建设物联数通的新型感知基础设施，大力发展传感器、无线通信、云计算、人工智能、大数据等技术，帮助数字贸易企业实现对物品、设备、环境等实体的感知、采集和传输，通过建立信息库使运输设备快速识别接收信息，自主规划最优路线，针对不同配送需求提供定制化的物流

解决方案，做到运输流程可追踪、过程可控制和结果可预测，提升数字贸易企业货物流通效率和质量。

（三）完善外贸清关数字基础设施

在清关环节，探索利用区块链、物联网等数字技术实现数字围网，以数字监管为核心，建设新型数字口岸，提升口岸设施数字化水平。加大各地"数字清关"基础设施建设，通过跨境"数字清关"公共服务平台，对订单、支付、物流等原始数据自动采集，自动生成报关数据，自动计税，实现邮件、快件、跨境电商渠道的24小时无障碍通关。

（四）完善外贸支付数字基础设施

在企业支付结算环节，构建由国际数据交换管理平台和若干个数据中心组成的数据架构体系，数据中心设立总行和省级数据中心两级管理体制，贸易金融数字化发展迈出重要步伐。推进数字贸易在云网一体化领域建设发展，实现云计算数字资源和相关数字基础设施有机匹配融合，利用云计算资源积极搭建外贸企业SaaS（software as a service，软件即服务）平台，为数字贸易各领域企业"从付款、收款到资金管理"提供低时延、高可靠、强安全边缘计算服务。

二、完善数字贸易保障措施

（一）探索建立数字贸易统计体系

商务与统计部门应加强协同合作，探索建立数字贸易领域的专业统计体系。商务部、国家统计局应根据自身颁布的《国际服务贸易统计监测制度》《服务外包统计调查制度》等相关分类标准和WTO、OECD和IMF颁布的《数字贸易测度手册》，结合当前国内数字贸易发展态势尽快制定数字贸易统计手册，联合探索制定数字贸易统计分类标准，同时研究构建数字贸易发展测度评估模型和大数据运行监测体系，为数字贸易规范化和可持续发展及数字贸易强国建设提供重要的支持和保障。

第一，加强数字贸易领域具体统计工作。对现有统计体系进行重新归类，补充空白统计领域，加强跨境电商、服务贸易等统计体系的衔接，以形成国家权威的数字贸易统一统计口径①。将数字贸易企业纳入统计范围，加强数字贸易统计业务培训，建立数字贸易专门统计监测系统，完善数据核查与反馈制度，以实现数据应用高质量发展。第二，建立数字贸易统计监测管理体系。建立健全统计监测体系，不断提升数字贸易数据统计监测管理支撑服务平台能级，提高数据的准确性和可信度，逐步开展各级政府数字贸易企业数据直报工作，逐步降低数字贸易相关统计数据壁垒。第三，加强现存数字贸易统计信息公开和服务。加强数字贸易统计信息公开工作，及时发布数字贸易统计数据和分析报告，提高信息透明度，为社会各界了解数字贸易各项工作进展动态提供便利。同时，完善健全数字贸易领域统计体系，建立数字贸易统计数据查询和交流平台，为数字贸易企业和各类用户提供数字贸易统计数据与服务。

（二）推动数字贸易展会发展

积极组织多层次多元化数字贸易展会。第一，办好国家级重点展会。聚焦"一带一路"市场，高规格办好中国进出口商品交易会、中国国际进口博览会、中国国际服务贸易交易会、中国国际消费品博览会等国际重要展会，搭建面向全球的线上线下数字贸易交流和展示平台，吸引跨境电商、云计算、人工智能、物联网等领域的数字贸易领域企业和服务机构参展。鼓励信息技术、专业服务以及文化贸易等平台之间的相互合作，为全球范围内数字内容和服务的产品展示等提供更加便利化和专业化的展会服务。第二，办好省级数字贸易展会。支持各省开展数字贸易细分领域相关展会活动，如数字金融大会、短视频大会、网络音乐节、网络电影节、电子图书阅读大会等，促进各领域数字贸易展会发展，努力打造成数字贸易国际高端展会品牌。第三，鼓励其他投资贸易类展会增设数字贸易展区，在传统展会上推进展览场景数字化。

加强数字贸易线上线下展会载体建设。第一，加强数字贸易线上展会交易平台建设，优化平台体验，增强平台安全性和可靠性，提高交易效率，提供全方位数字化服务。建设在线场馆，利用新兴技术提升客商画像能力，设置数字贸易核心客群以及基础目标人群双查询模式，实现参展商和客商线上

---

① 王拓，李俊，张威．美欧数字贸易发展经验及其对我国的政策启示．国际贸易，2023,（2）：57-63．

需求精准匹配。第二，加强数字贸易线下展会场景建设，提高数字化展示效果。提升展馆智能化水平，通过信息化手段整合各类展会服务资源，推动云计算、大数据、物联网等在展馆中的应用，打造智慧展馆。建立数字化展厅、数字化产品展示区，借助 VR/AR 技术打造虚拟展览，提升数字贸易展会吸引力。

（三）培育数字贸易相关行业组织

培育数字贸易相关行业组织。第一，支持数字贸易相关行业协会以及企业等主体共同搭建数字贸易研究型新兴智库，充分发挥智囊团作用，研究探讨数字贸易业务发展、秩序规则变化趋势和应对措施等主题，从业务发展、跨境数据流转、贸易规则等方面为数字贸易企业提供咨询服务。第二，健全数字领域知识产权海外维权援助机制，支持各省建立海外数字知识产权纠纷应对指导中心，建立海外维权专家库、案例库及法律库，加强重大涉外知识产权案件跟踪研究，为"走出去"企业提供专业指导和服务。第三，支持数字化服务机构面向数字贸易主体提供数字化转型服务，推动企业数字化转型升级计划，助推不同行业企业科学高质量落实"上云""用数""赋智"。

（四）完善数字贸易服务体系

打造数字贸易服务平台，构建数字贸易全链条数据服务生态系统。第一，建设跨境贸易大数据平台。推动建设中国与其他国家海关信息中心，支持数字贸易示范区简化和优化数字贸易领域投资、登记、审批和管理等程序，积极实现口岸与跨境贸易领域相关部门、数字贸易协会及企业流通共享相关公开数据，实现跨境贸易大数据服务平台多能级发展，帮助数字贸易企业精准了解市场趋势、制定更为科学的市场策略，提高数字贸易的效率和质量。第二，完善数字贸易公共服务平台。为数字贸易企业提供全方位的服务支持，如提供数字贸易领域登记注册、市场咨询、业务培训、项目申报、政策解读等服务，为数字贸易企业营造良好的营商环境。支持数字贸易企业融合发展，为跨境电商、数字内容服务商、云服务商等数字贸易企业提供供需对接等服务，拓宽全球营销渠道。第三，搭建数字贸易交易促进平台，实现国内外数字资源和项目对接。推动数字贸易领域向海外推介、信息共享、项目对接、版权服务等四个核心功能的发展，积极推动国内外交易促进机构的专业交易平台与主要的数字贸易平台型企业深度合作。

(五) 加强资金保障

1. 财税资金支持

第一,用足用好财税政策,加大对数字贸易企业及重点项目的扶持力度。探索鼓励企业应用数字技术、开展数字化转型升级的财税政策和对数字贸易创业投资企业实施的普惠性税收减免政策等,对数字贸易企业实行减免企业所得税、增值税等税收优惠政策以支持在信息技术服务、数字内容、服务外包、跨境电商等领域发展。第二,通过财政资金扶持来支持数字贸易企业及其重点项目建设,如设立数字贸易专项基金,对数字贸易企业以直接投资等方式将数字贸易纳入服务贸易发展重点支持类型或单列增设数字贸易发展重点支持类型,对企业研发投入、IP 开发和运营、人才培训、海外市场开拓、海外维权等项目给予资金支持,促进数字贸易领域企业加强基金项目对接引导,更好赋能数字贸易企业发展壮大。

2. 金融政策扶持

第一,优化金融服务供给结构,实现数字贸易的金融产品和服务多元发展。建立数字贸易产业链供应链金融服务中心,为数字贸易企业提供全方位的金融支持。支持探索对接银行、保险等金融服务机构,以金融创新赋能数字贸易,鼓励跨境支付公司落地业务和项目,便利数字贸易企业在线办理融资、担保、结算、出口信用保险等各类业务,提高数字贸易的融资能力和发展空间。第二,引导金融机构加大对数字贸易企业的信贷支持力度。对于符合条件的数字贸易企业,金融机构应给予一定的优惠贷款政策,切实降低数字贸易企业融资成本。第三,推动数字贸易与金融科技深度融合。支持数字贸易平台建设金融科技创新中心,开展数字贸易领域金融科技研究和应用,提高数字贸易企业金融科技水平和竞争力。探索创新数字贸易金融,引导政府性融资担保机构以及金融机构为数字贸易领域企业提供新产品新服务,以满足数字贸易企业的多元化融资需求和外汇收支专项服务需求。

(六) 强化法治保障

第一,加快研究建立与数字贸易强国建设相匹配的法规制度,推动数字贸易治理体系和治理能力现代化。对照 CPTPP 和 DEPA 条款，结合数字贸易实际需求，对产品版权、防盗软件、源代码开放、数据流通、信息保护、数字交易、不正当竞争、商业秘密保护和数字化产品税收等行为设立详细而明确的规范要求[①]。这些规定将基于现实数字贸易需求，并为适应国际数字贸易创新需求的新国际经济贸易规则的发展做出贡献。海南自由贸易港、上海自贸区临港新片区等自由贸易试验区应加快制定独立的数字贸易相关法律，以便迅速推动这一领域的单独立法工作。在数字贸易自由贸易区试点基础上，进一步推广至其他自贸区。

第二，在数字贸易存在争议领域，加快完善数字贸易争议解决机制，支持实力较强的仲裁机构探索设立数字仲裁院。鼓励使用调解、仲裁等多元化争议解决手段，建立便捷有效的争议解决渠道，降低数字贸易企业维权成本。

第三，在数字知识产权领域，完善数字贸易知识产权指导。强化与数字贸易有关的知识产权保护，推动完善海外知识产权维权援助服务体系，加强海外知识产权公共服务信息库建设，开展海外知识产权纠纷应对指导、海外知识产权纠纷信息的收集与分析、风险防控的培训与宣传等工作。

（七）强化风险防控保障

强化底线思维和风险意识，完善数字贸易强国建设过程中的风险防控和处置机制，做好相关政策试点等风险评估和防控预案，强化政策风险监测预警。建立数字贸易平台建设监督评价机制，适时通过专项督查、委托第三方机构等方式对先行先试政策实施情况开展评估，确保平台健康有序可持续发展。加强对跨境数据流动的安全性评估，实施个人信息和重要数据储存本地化以及出境传输规范化管理，鼓励数字贸易领域企业建立数据安全和风险内控管理体系，保障数据依法有序自由流动。跟踪评估《通用数据保护条例》等重要经济体数据安全管理规范，推动我国与欧盟、美国等国家或地区的数据治理规则对接，降低数字贸易领域企业信息合规风险和成本。

[①] 周汉民. 努力推进数字贸易规范建设. 上海市社会主义学院学报，2022，（6）：2-6.